바로 이것이
파닉스

Phonics

바로 이것이
파닉스

초판 3쇄 발행	2022년 5월 20일
초판 1쇄 발행	2020년 10월 20일
저자	어학세계사 편집부
발행처	**어학세계사**
발행인	강신갑
등록번호	105-91-62861　　등록일자　2011년 7월 10일
주소	서울시 마포구 포은로2나길 31 벨라비스타 208호
전화	02.406.0047　　팩스　　02.406.0042
이메일	languageworld@naver.com
MP3 다운로드	blog.naver.com/languageworld
ISBN	979-11-971779-1-0 (13740)
값	13,500원

ⓒ 어학세계사, 2020

영어 실력을 키워 주는 바로 이것이 파닉스

바로 이것이
파닉스

Phonics

어학세계사

● '파닉스'란?

파닉스(Phonics)는 소리와 글자 사이의 규칙을 알려 주는
발음 중심 학습법입니다.
아이가 우리말을 배울 때도 부모님의 소리를 듣고 인지한 후
이것을 글자와 연결하듯, 영어도 각각의 소리가 단어에 들어 있을 때
어떤 소리를 내는지 알려주는 학습법이 바로 파닉스입니다.
우리말 'ㄱ'의 이름은 '기역'이지만, 단어 '가구'를 읽을 때는
'ㄱ + ㅏ = 가', 'ㄱ + ㅜ = 구'로 발음하는 것과 같이
영어 알파벳 a는 '에이'라는 이름이지만, 단어 'apple'에서는 '애'로
발음합니다.

● 효과

파닉스 학습법은 말을 하는데 좀 느린 영어권 아이들을 위해서 개발했다는
이야기가 있을 정도로, Literacy Program(읽고 쓰는 능력을 향상시키는
프로그램)으로 쓰이고 있습니다. 실제 영어를 처음 말하는 아이들의 경우,
파닉스 규칙을 통해서 단어를 읽으면 영어에 대한 자신감과
말하고 읽는 능력이 급속도로 향상된다는 다양한 연구 결과가 있습니다.

학습법

효과적인 파닉스 학습법은 무엇일까요?

파닉스는 소리와 글자 사이의 규칙을 알려 주는 연습법이므로,
그 규칙에 대해서 하나씩 연습해 나가면 됩니다. 영어 그대로 듣고 말하는
연습을 꾸준히 해야 합니다. 그래야 온전한 영어로 내 귀와 입에 남아 있게
됩니다. 영어 소리를 한글화시켜서 읽는 것은 좋은 학습법이 아닙니다.
급한 마음에 한국어로 표기하고 연습하면 영어 발음에 나쁜 영향을
줄 수 있습니다.

큰 소리로 말하세요.

원어민 성우가 녹음한 정확한 발음의 음성을 통해 듣는 연습을 마쳤다면,
그것을 토대로 큰 소리로 말하는 연습을 해야 합니다.
이를 'Read aloud'라고 하는데, 좋은 발음을 듣고 그대로 따라 하는
연습입니다. 이때 내가 한 말이 내 귀에 정확하게 들려야 내가 들은 발음과
나의 발음을 비교할 수 있고, 점점 더 나은 발음으로 발전해 나갑니다.

파닉스 마스터 **3단계**에 따라
알파벳과 400개 기초 **영단어**를
듣고, 따라 **읽고**, **쓰고**, **복습**하며 익힙니다.

1
단계

● 듣기 & 따라 읽기 ●

2
단계

● 쓰기 ●

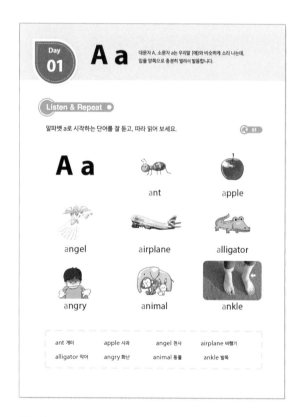

#Listen & Repeat

파닉스 학습에서 가장 중요한 연습으로
정확한 발음의 음성을 듣고 따라 하며,
파닉스 규칙을 이해하기 위한 단어를 학습합니다.

#Writing & Activity

알파벳과 단어를 반복해서 쓰고 말하는
연습을 하여 학습 효과를 높입니다.

3 단계

● 복습하기 ●

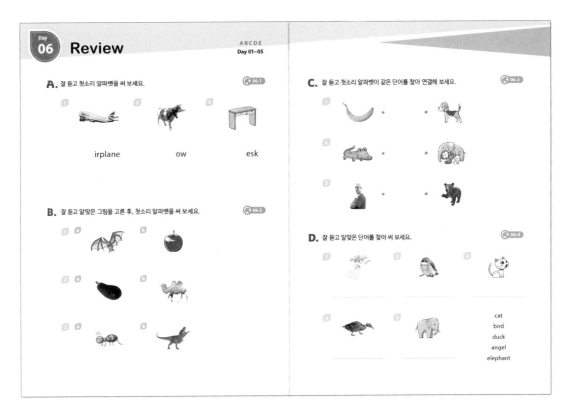

#Review

앞에서 배운 내용을 다양한 활동을 통해
복습하고 실력을 확인합니다.

#MP3 다운로드

원어민 전문 성우의 음성을
자주 듣고 그대로 따라 하세요.
blog.naver.com/**languageworld**

Contents
차례

Part 1 알파벳 소리값

Day 01	**A a**	16
Day 02	**B b**	18
Day 03	**C c**	20
Day 04	**D d**	22
Day 05	**E e**	24
Day 06		26
Day 07	**F f**	28
Day 08	**G g**	30
Day 09	**H h**	32
Day 10	**I i**	34
Day 11	**J j**	36
Day 12		38
Day 13	**K k**	40
Day 14	**L l**	42
Day 15	**M m**	44

Day 16   **N n**   46

Day 17   **O o**   48

Day 18   Review   50

Day 19   **P p**   52

Day 20   **Q q**   54

Day 21   **R r**   56

Day 22   **S s**   58

Day 23   **T t**   60

Day 24   Review   62

Day 25   **U u**   64

Day 26   **V v**   66

Day 27   **W w**   68

Day 28   **X x**   70

Day 29   **Y y**   72

Day 30   **Z z**   74

Day 31   Review   76

A
B
C

Part 2 단모음

Day 32 단모음 a - ad, am, at   80

Day 33 단모음 a - ag, an, ap   82

Day 34 단모음 e - ell, ed, eg   84

Day 35 단모음 e - en, et   86

Day 36 단모음 i - ig, in, it   88

Day 37 Review   90

Day 38 단모음 i - ip, ix, id   92

Day 39 단모음 o - op, ot, ox   94

Day 40 단모음 o - ob, og   96

Day 41 단모음 u - ug, um, un   98

Day 42 단모음 u - ub, up, ut   100

Day 43 Review   102

Part 3 장모음

Day 44   장모음 **a - ake, ape, ave**   **106**

Day 45   장모음 **a - ame, ate, ase**   **108**

Day 46   장모음 **e - e, ese**   **110**

Day 47   장모음 **i - ike, ime, ive**   **112**

Day 48   장모음 **i - ine, ipe, ite**   **114**

Day 49   Review   **116**

Day 50   장모음 **o - ose, one, ole**   **118**

Day 51   장모음 **o - ome, ope, ote**   **120**

Day 52   장모음 **u - ube, ute**   **122**

Day 53   장모음 **u - ule, une**   **124**

Day 54   Review   **126**

Part 4 이중자음

Day 55   이중자음 **th, wh, ph**   **130**

Day 56   이중자음 **sh, ch**   **132**

Day 57   이중자음 **ng, nk**   **134**

Day 58   이중자음 **sm, sn, st**   **136**

Day 59   이중자음 **sc, sk, sw**   **138**

Day 60   Review   **140**

Day 61   이중자음 **bl, cl, fl**   **142**

Day 62   이중자음 **gl, pl, sl**   **144**

Day 63   이중자음 **br, cr, dr**   **146**

Day 64   이중자음 **pr, gr, tr**   **148**

Day 65   Review   **150**

Part 5 이중모음

Day 66 이중모음 **ai, ay**   **154**

Day 67 이중모음 **au, aw**   **156**

Day 68 이중모음 **ar, or**   **158**

Day 69 이중모음 **ee, ea, ey**   **160**

Day 70 이중모음 **ew, oo**   **162**

Day 71 Review   **164**

Day 72 이중모음 **er, ir, ur**   **166**

Day 73 이중모음 **oa, ow**   **168**

Day 74 이중모음 **ou, ow**   **170**

Day 75 이중모음 **oi, oy**   **172**

Day 76 이중모음 **ue, ui**   **174**

Day 77 Review   **176**

정답   **178**

Part

1

알파벳 소리값
Alphabet Sounds

00

A a 에이	**B b** 비-	**C c** 씨-	**D d** 디-
E e 이-	**F f** 에프	**G g** 쥐-	**H h** 에이취
I i 아이	**J j** 제이	**K k** 케이	**L l** 엘
M m 엠	**N n** 엔	**O o** 오우	**P p** 피-
Q q 큐-	**R r** 아알	**S s** 에스	**T t** 티-
U u 유-	**V v** 비-	**W w** 더블유-	**X x** 엑스
Y y 와이	**Z z** 지-		

A a

대문자 A, 소문자 a는 우리말 [애]와 비슷하게 소리 나는데,
입을 양쪽으로 충분히 벌려서 발음합니다.

알파벳 a로 시작하는 단어를 잘 듣고, 따라 읽어 보세요.

A a

ant

apple

angel

airplane

alligator

angry

animal

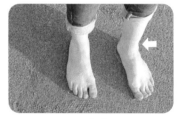
ankle

ant 개미   apple 사과   angel 천사   airplane 비행기

alligator 악어   angry 화난   animal 동물   ankle 발목

A. 알파벳과 a로 시작하는 단어를 큰 소리로 읽고, 따라 써 보세요.

A A A A A

a a a a a

ant   ant   ant

apple   apple   apple

airplane   airplane   airplane

ankle   ankle   ankle

B. 알파벳 a로 시작하는 단어를 찾아 동그라미 하고, 읽어 보세요.

B b

대문자 B, 소문자 b는 우리말 [ㅂ]과 비슷하게 브 소리 나는데,
위와 아랫입술을 붙이고 안으로 말아 넣었다 떼면서 발음합니다.

Listen & Repeat

알파벳 b로 시작하는 단어를 잘 듣고, 따라 읽어 보세요.

B b

ball

banana

baby

bird

bear

bat

balloon

blue

ball 공   banana 바나나   baby 아기   bird 새

bear 곰   bat 박쥐   balloon 풍선, 열기구   blue 파란색

A. 알파벳과 b로 시작하는 단어를 큰 소리로 읽고, 따라 써 보세요.

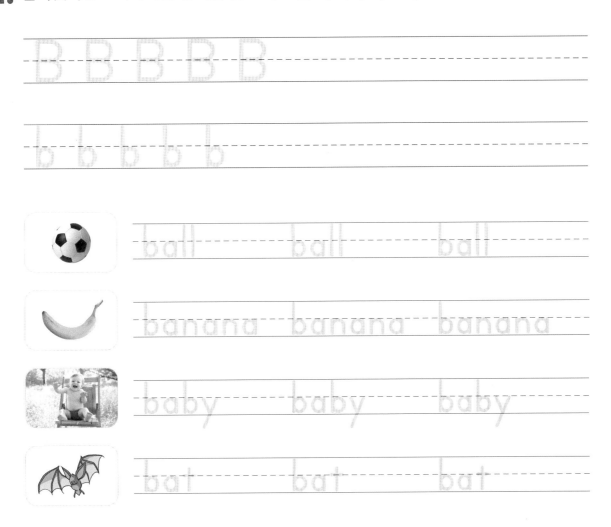

B B B B B

b b b b b

ball   ball   ball

banana   banana   banana

baby   baby   baby

bat   bat   bat

B. 알파벳 b로 시작하는 단어를 찾아 동그라미 하고, 읽어 보세요.

Day 03

C c

대문자 C, 소문자 c는 우리말 [ㅋ]과 비슷하게 크 소리 나는데,
입을 약간 벌리고 턱을 안쪽으로 당기면서 발음합니다.

Listen & Repeat

알파벳 c로 시작하는 단어를 잘 듣고, 따라 읽어 보세요.

 03

C c

cat

cap

can

cow

candy

camera

cake

camel

cat 고양이	cap 모자	can 캔, 깡통	cow 소
candy 사탕	camera 사진기	cake 케이크	camel 낙타

A. 알파벳과 c로 시작하는 단어를 큰 소리로 읽고, 따라 써 보세요.

C C C C C

c c c c c

cat   cat   cat

cow   cow   cow

camera   camera   camera

camel   camel   camel

B. 알파벳 c로 시작하는 단어를 찾아 동그라미 하고, 읽어 보세요.

D d

대문자 D, 소문자 d는 우리말 [ㄷ]과 비슷하게 드 소리 나는데,
혀를 윗잇몸 앞쪽에 대었다 떼면서 발음합니다.

Listen & Repeat ●

알파벳 d로 시작하는 단어를 잘 듣고, 따라 읽어 보세요.

D d

dog

desk

doll

door

duck

dice

doctor

dinosaur

dog 개   desk 책상   doll 인형   door 문

duck 오리   dice 주사위   doctor 의사   dinosaur 공룡

A. 알파벳과 d로 시작하는 단어를 큰 소리로 읽고, 따라 써 보세요.

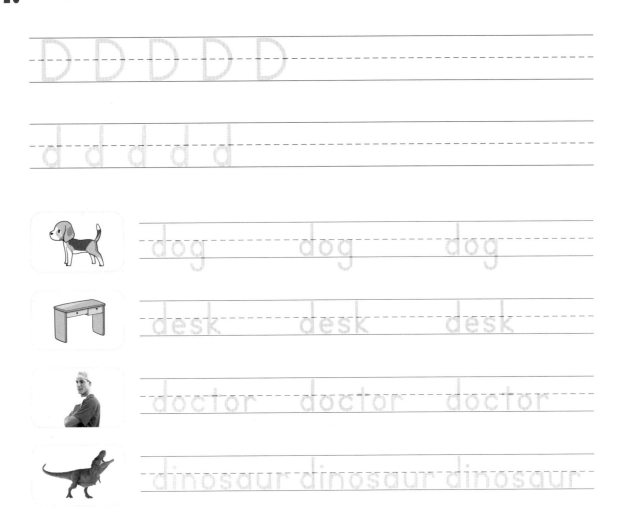

D D D D D

d d d d d

dog   dog   dog

desk   desk   desk

doctor   doctor   doctor

dinosaur dinosaur dinosaur

B. 알파벳 d로 시작하는 단어를 찾아 동그라미 하고, 읽어 보세요.

23

E e

대문자 E, 소문자 e는 우리말 [에]와 비슷하게 소리 나는데, 입 양쪽 끝에 힘을 주고 벌려서 발음합니다.

Listen & Repeat

알파벳 e로 시작하는 단어를 잘 듣고, 따라 읽어 보세요.

E e

egg

elbow

eight

Eskimo

eggplant

elevator

elephant

enter

egg 달걀	elbow 팔꿈치	eight 여덟, 8	Eskimo 에스키모
eggplant 가지	elevator 엘리베이터	elephant 코끼리	enter 들어가다

A. 알파벳과 e로 시작하는 단어를 큰 소리로 읽고, 따라 써 보세요.

E E E E E

e e e e e

egg   egg   egg

elbow   elbow   elbow

eggplant   eggplant   eggplant

elephant   elephant   elephant

B. 알파벳 e로 시작하는 단어를 찾아 동그라미 하고, 읽어 보세요.

A. 잘 듣고 첫소리 알파벳을 써 보세요.

 06-1

1

2

3

irplane

ow

esk

B. 잘 듣고 알맞은 그림을 고른 후, 첫소리 알파벳을 써 보세요.

 06-2

1 a   b

2 a   b

3 a   b

C. 잘 듣고 첫소리 알파벳이 같은 단어를 찾아 연결해 보세요.

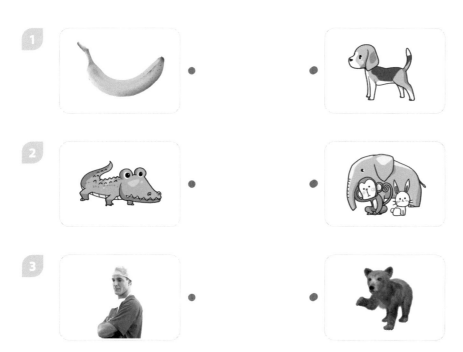

D. 잘 듣고 알맞은 단어를 찾아 써 보세요.

cat

bird

duck

angel

elephant

Day 07

F f

대문자 F, 소문자 f는 우리말 [ㅍ]과 비슷하게 프 소리 나는데,
윗니를 아랫입술에 살짝 대고 공기를 밖으로 내뱉듯 발음합니다.

알파벳 f로 시작하는 단어를 잘 듣고, 따라 읽어 보세요.

F f

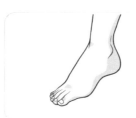

foot

finger

fish

flower

farm

four

fan

floor

foot 발   finger 손가락   fish 물고기   flower 꽃

farm 농장   four 넷, 4   fan 선풍기   floor 바닥

28

A. 알파벳과 f로 시작하는 단어를 큰 소리로 읽고, 따라 써 보세요.

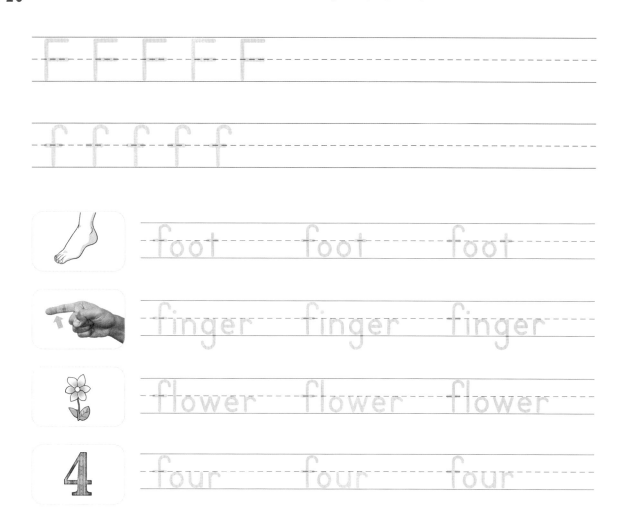

F F F F F

f f f f f

foot   foot   foot

finger   finger   finger

flower   flower   flower

four   four   four

B. 알파벳 f로 시작하는 단어를 찾아 동그라미 하고, 읽어 보세요.

G g

대문자 G, 소문자 g는 우리말 [ㄱ]과 비슷하게 그 소리 나는데, 입을 살짝 벌려서 발음합니다.

Listen & Repeat ●

알파벳 g로 시작하는 단어를 잘 듣고, 따라 읽어 보세요.

G g

girl

gift

gold

grape

guitar

green

glass

goat

girl 소녀   gift 선물   gold 금   grape 포도

guitar 기타   green 녹색   glass 유리, 유리잔   goat 염소

A. 알파벳과 g로 시작하는 단어를 큰 소리로 읽고, 따라 써 보세요.

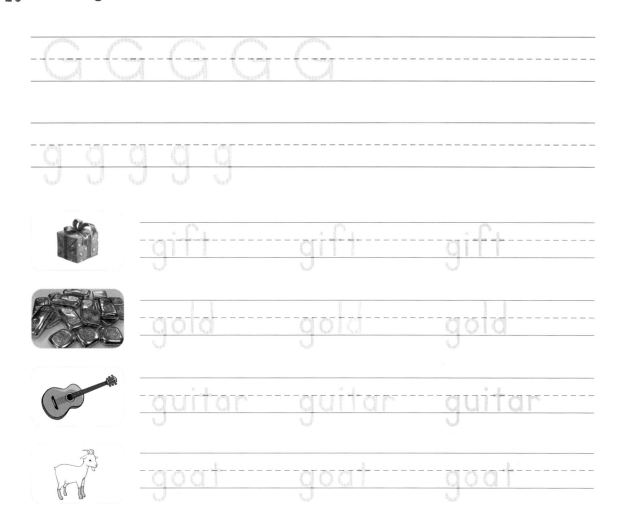

G G G G G

g g g g g

gift   gift   gift

gold   gold   gold

guitar   guitar   guitar

goat   goat   goat

B. 알파벳 g로 시작하는 단어를 찾아 동그라미 하고, 읽어 보세요.

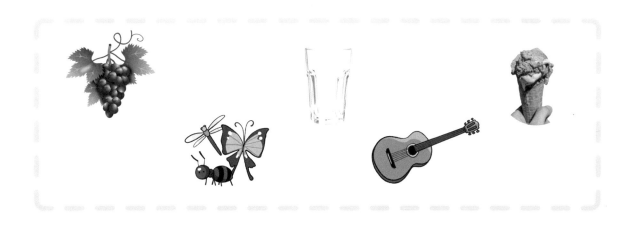

H h

대문자 H, 소문자 h는 우리말 [ㅎ]과 비슷하게 흐 소리 나는데,
입을 살짝 벌리고 바람을 내보내면서 발음합니다.

Listen & Repeat ●

알파벳 h로 시작하는 단어를 잘 듣고, 따라 읽어 보세요.

 09

 **H h**

hat

hen

hall

head

hippo

hamster

house

hamburger

---

hat 모자   hen 암탉   hall 강당   head 머리

hippo 하마   hamster 햄스터   house 집   hamburger 햄버거

A. 알파벳과 h로 시작하는 단어를 큰 소리로 읽고, 따라 써 보세요.

H H H H H

h h h h h

hat   hat   hat

hall   hall   hall

hippo   hippo   hippo

hamburger   hamburger

B. 알파벳 h로 시작하는 단어를 찾아 동그라미 하고, 읽어 보세요.

I i

대문자 I, 소문자 i 는 우리말 [이], [아이]와 비슷하게 소리 나는데, 각 단어에 알맞은 소리를 생각하면서 입을 벌려서 발음합니다.

Listen & Repeat

알파벳 i로 시작하는 단어를 잘 듣고, 따라 읽어 보세요.

 10

I i

in

ink

insect

igloo

iguana

ice cream

idea

iron

---

in ~안에   ink 잉크   insect 곤충   igloo 이글루

iguana 이구아나   ice cream 아이스크림   idea 생각   iron 다리미

A. 알파벳과 i 로 시작하는 단어를 큰 소리로 읽고, 따라 써 보세요.

I I I I I

i i i i i

ink ink ink

insect insect insect

igloo igloo igloo

idea idea idea

B. 알파벳 i 로 시작하는 단어를 찾아 동그라미 하고, 읽어 보세요.

J j

대문자 J, 소문자 j 는 우리말 [ㅈ]과 비슷하게 즈 소리 나는데,
혀끝을 윗니 안쪽 잇몸에 대었다가 떼면서 발음하면 됩니다.

Listen & Repeat

알파벳 j로 시작하는 단어를 잘 듣고, 따라 읽어 보세요.

 11

jam

jump

juice

jewel

July

jacket

joy

jellyfish

jam 잼	jump 뛰다	juice 주스	jewel 보석
July 7월	jacket 재킷, 상의	joy 기쁨	jellyfish 해파리

A. 알파벳과 j로 시작하는 단어를 큰 소리로 읽고, 따라 써 보세요.

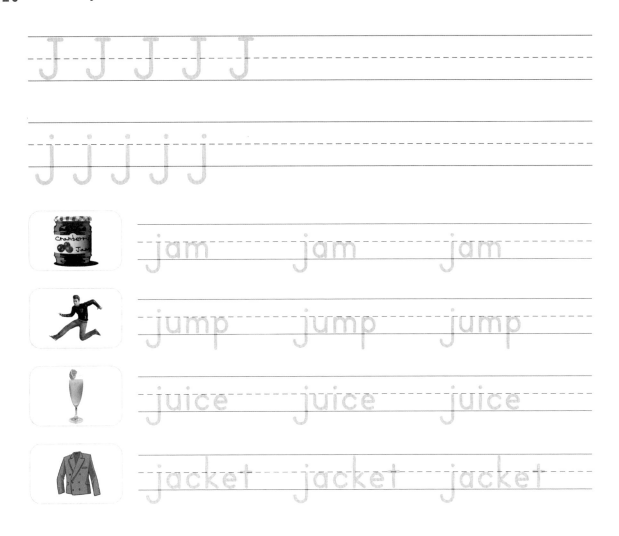

jam   jam   jam

jump   jump   jump

juice   juice   juice

jacket   jacket   jacket

B. 알파벳 j로 시작하는 단어를 찾아 동그라미 하고, 읽어 보세요.

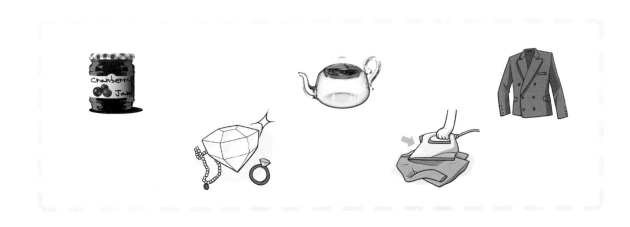

A. 잘 듣고 첫소리 알파벳을 써 보세요.

1

2

3

lower   amburger   nsect

B. 잘 듣고 알맞은 그림을 고른 후, 첫소리 알파벳을 써 보세요.

1

2

3

C. 잘 듣고 첫소리 알파벳이 같은 단어를 찾아 연결해 보세요.

D. 잘 듣고 알맞은 단어를 찾아 써 보세요.

_____   _____   _____

_____   _____

fish

goat

juice

house

iguana

K k

대문자 K, 소문자 k는 우리말 [ㅋ]과 비슷하게 크 소리 나는데,
입을 살짝 벌리고 약간 긁는 소리처럼 발음합니다.

Listen & Repeat ●

알파벳 k로 시작하는 단어를 잘 듣고, 따라 읽어 보세요.

K k

king

kick

kite

kiwi

koala

kitchen

kettle

kangaroo

---

king 왕   kick 차다   kite 연   kiwi 키위

koala 코알라   kitchen 부엌   kettle 주전자   kangaroo 캥거루

A. 알파벳과 k로 시작하는 단어를 큰 소리로 읽고, 따라 써 보세요.

K K K K K

k k k k k

king   king   king

kick   kick   kick

kitchen   kitchen   kitchen

kangaroo kangaroo kangaroo

B. 알파벳 k로 시작하는 단어를 찾아 동그라미 하고, 읽어 보세요.

Day 14

L l

대문자 L, 소문자 l 는 우리말 [ㄹ]과 비슷하게 르 소리 나는데,
혀를 윗니 뒤의 잇몸에 대었다 떼면서 발음합니다.

Listen & Repeat ●

알파벳 l로 시작하는 단어를 잘 듣고, 따라 읽어 보세요.

 14

L l

land

lamp

lion

lemon

lily

lobster

lake

ladybug

---

land 땅   lamp 등   lion 사자   lemon 레몬

lily 백합   lobster 바닷가재   lake 호수   ladybug 무당벌레

A. 알파벳과 l로 시작하는 단어를 큰 소리로 읽고, 따라 써 보세요.

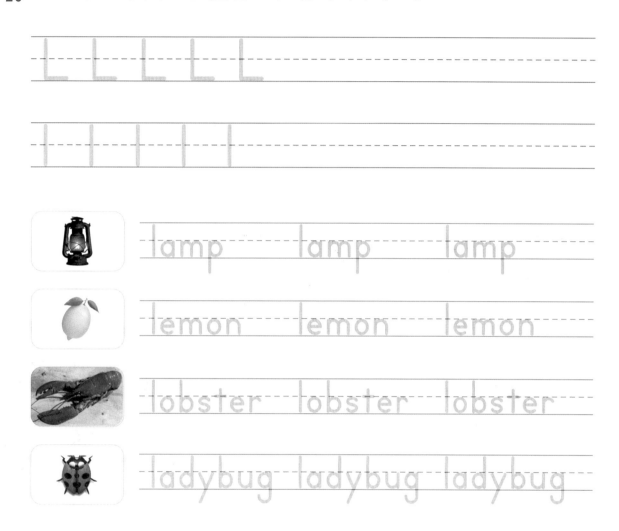

B. 알파벳 l로 시작하는 단어를 찾아 동그라미 하고, 읽어 보세요.

M m

대문자 M, 소문자 m은 우리말 [ㅁ]과 비슷하게 므 소리 나는데, 입을 다물고 안쪽으로 오므려서 발음합니다.

Listen & Repeat

알파벳 m으로 시작하는 단어를 잘 듣고, 따라 읽어 보세요.

 15

M m

mat

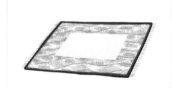
magnet

melon

monkey

mitt

milk

mouse

muffin

---

mat 매트, 깔개   magnet 자석   melon 멜론   monkey 원숭이

mitt 장갑   milk 우유   mouse 쥐   muffin 머핀

A. 알파벳과 m으로 시작하는 단어를 큰 소리로 읽고, 따라 써 보세요.

M M M M M

m m m m m

mat   mat   mat

monkey   monkey   monkey

milk   milk   milk

mouse   mouse   mouse

B. 알파벳 m으로 시작하는 단어를 찾아 동그라미 하고, 읽어 보세요.

N n

대문자 N, 소문자 n은 우리말 [ㄴ]과 비슷하게 느 소리 나는데,
혀를 윗니 뒤의 잇몸에 대었다 떼면서 발음합니다.

Listen & Repeat

알파벳 n으로 시작하는 단어를 잘 듣고, 따라 읽어 보세요.

16

N n

net

neck

nest

nut

notebook

nine

noodle

nail

net 그물   neck 목   nest 둥지   nut 견과

notebook 공책   nine 아홉, 9   noodle 국수   nail 손톱

A. 알파벳과 n으로 시작하는 단어를 큰 소리로 읽고, 따라 써 보세요.

N N N N

n n n n

net   net   net

nest   nest   nest

nine   nine   nine

noodle   noodle   noodle

B. 알파벳 n으로 시작하는 단어를 찾아 동그라미 하고, 읽어 보세요.

 **O o**

대문자 O, 소문자 o는 우리말 [아]와 비슷하게 소리 나는데,
입을 동그랗게 모아 발음합니다.

Listen & Repeat ●

알파벳 o로 시작하는 단어를 잘 듣고, 따라 읽어 보세요.

 17

O o

orange

octopus

olive

October

on

out

owl

ostrich

---

orange 오렌지   octopus 문어   olive 올리브   October 10월

on ~위에   out ~밖에   owl 부엉이   ostrich 타조

A. 알파벳과 o로 시작하는 단어를 큰 소리로 읽고, 따라 써 보세요.

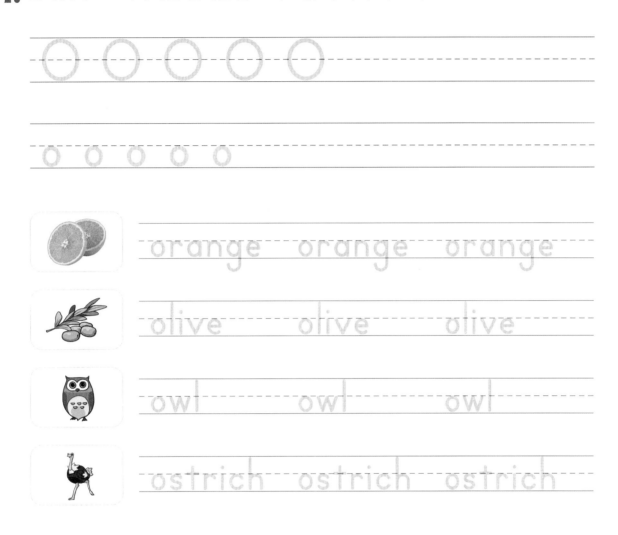

orange orange orange

olive olive olive

owl owl owl

ostrich ostrich ostrich

B. 알파벳 o로 시작하는 단어를 찾아 동그라미 하고, 읽어 보세요.

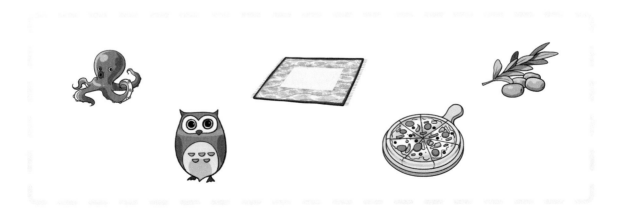

Day 18 Review

A. 잘 듣고 첫소리 알파벳을 써 보세요.

 18-1

1. iwi

2. onkey

3. ut

B. 잘 듣고 알맞은 그림을 고른 후, 첫소리 알파벳을 써 보세요.

 18-2

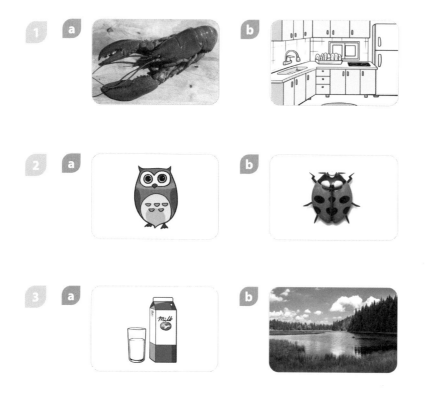

1. a   b

2. a   b

3. a   b

C. 잘 듣고 첫소리 알파벳이 같은 단어를 찾아 연결해 보세요.

D. 잘 듣고 알맞은 단어를 찾아 써 보세요.

lion
mouse
octopus
kangaroo
notebook

Day 19

P p

대문자 P, 소문자 p는 우리말 [ㅍ]과 비슷하게 프 소리 나는데,
입술을 모아 안쪽으로 말아 넣어 앞으로 내뱉듯 터뜨리면서 발음합니다.

Listen & Repeat ●

알파벳 p로 시작하는 단어를 잘 듣고, 따라 읽어 보세요.

P p

panda

picture

piano

pizza

pencil

penguin

parrot

pyramid

---

panda 판다   picture 그림, 사진   piano 피아노   pizza 피자

pencil 연필   penguin 펭귄   parrot 앵무새   pyramid 피라미드

A. 알파벳과 p로 시작하는 단어를 큰 소리로 읽고, 따라 써 보세요.

P P P P P

p p p p p

picture   picture   picture

piano   piano   piano

pencil   pencil   pencil

pizza   pizza   pizza

B. 알파벳 p로 시작하는 단어를 찾아 동그라미 하고, 읽어 보세요.

Q q

대문자 Q, 소문자 q는 우리말 [ㅋ]과 비슷하게 크 소리 나는데,
q는 주로 qu로 쓰여 [크워]로 발음합니다.

Listen & Repeat ●

알파벳 q로 시작하는 단어를 잘 듣고, 따라 읽어 보세요.

Q q

quiz

quilt

queen

quick

quest

question

quiet

quarter

---

quiz 퀴즈   quilt 누비이불   queen 여왕   quick 빠른

quest 탐색   question 질문   quiet 조용한   quarter 4분의 1

A. 알파벳과 q로 시작하는 단어를 큰 소리로 읽고, 따라 써 보세요.

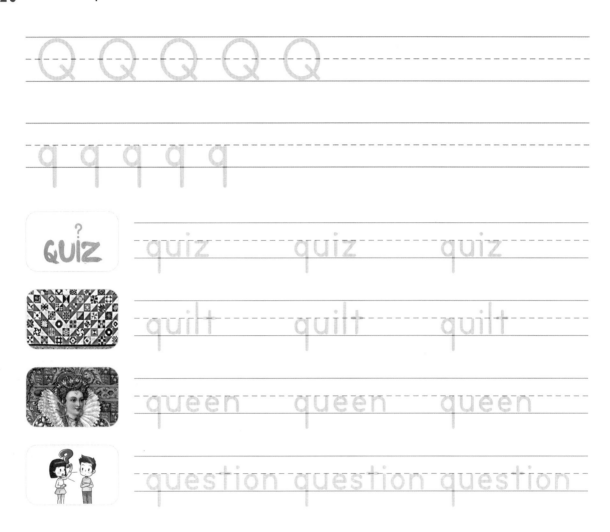

Q Q Q Q Q

q q q q q

quiz   quiz   quiz

quilt   quilt   quilt

queen   queen   queen

question question question

B. 알파벳 q로 시작하는 단어를 찾아 동그라미 하고, 읽어 보세요.

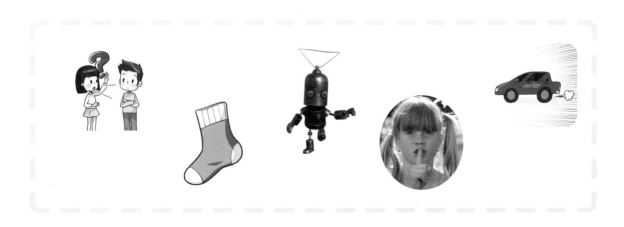

Day 21

R r

대문자 R, 소문자 r은 우리말 [ㄹ]과 비슷하게 르 소리 나는데, 혀를 입천장에 닿지 않게 말아 넣어서 발음합니다.

Listen & Repeat ●

알파벳 r로 시작하는 단어를 잘 듣고, 따라 읽어 보세요.

 21

R r

rabbit

robot

rice

river

rib

rainbow

red

rocket

rabbit 토끼　　robot 로봇　　rice 쌀　　river 강

rib 갈비　　rainbow 무지개　　red 빨간색　　rocket 로켓

A. 알파벳과 r로 시작하는 단어를 큰 소리로 읽고, 따라 써 보세요.

R R R R R

r r r r r

rabbit   rabbit   rabbit

rice   rice   rice

rib   rib   rib

rainbow   rainbow   rainbow

B. 알파벳 r로 시작하는 단어를 찾아 동그라미 하고, 읽어 보세요.

S s

대문자 S, 소문자 s는 우리말 [ㅅ]과 비슷하게 스 소리 나는데, 혀끝을 윗니 안쪽에 대면서 바람을 내보내며 발음합니다.

Listen & Repeat ●

알파벳 s로 시작하는 단어를 잘 듣고, 따라 읽어 보세요.

 22

sand

sandwich

seven

soccer

sock

sense

stone

sun

---

sand 모래   sandwich 샌드위치   seven 일곱, 7   soccer 축구

sock 양말   sense 감각   stone 돌   sun 해, 태양

A. 알파벳과 s로 시작하는 단어를 큰 소리로 읽고, 따라 써 보세요.

S S S S S

s s s s s

sandwich sandwich sandwich

seven seven seven

sock sock sock

stone stone stone

B. 알파벳 s로 시작하는 단어를 찾아 동그라미 하고, 읽어 보세요.

T t

대문자 T, 소문자 t는 우리말 [ㅌ]과 비슷하게 트 소리 나는데,
윗니 안쪽에 혀끝을 붙였다 떼면서 파열하듯 발음합니다.

Listen & Repeat ●

알파벳 t로 시작하는 단어를 잘 듣고, 따라 읽어 보세요.

T t

table

teacher

test

television

tiger

tomato

ten

turtle

table 탁자	teacher 선생님	test 시험	television 텔레비전
tiger 호랑이	tomato 토마토	ten 열, 10	turtle 거북이

A. 알파벳과 t로 시작하는 단어를 큰 소리로 읽고, 따라 써 보세요.

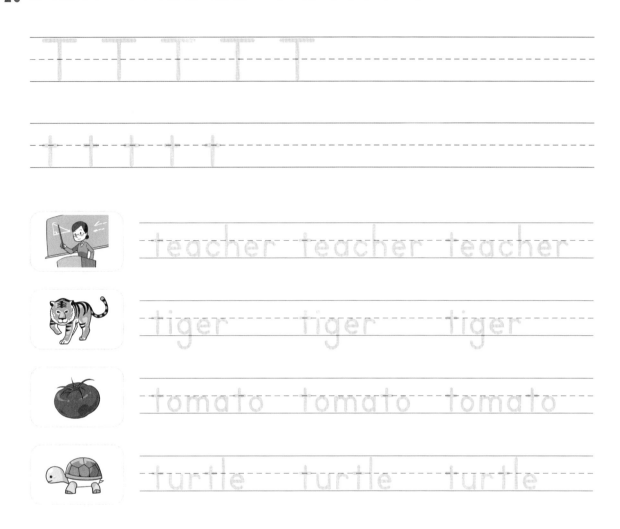

T T T T T

t t t t t t

teacher teacher teacher

tiger tiger tiger

tomato tomato tomato

turtle turtle turtle

B. 알파벳 t로 시작하는 단어를 찾아 동그라미 하고, 읽어 보세요.

A. 잘 듣고 첫소리 알파벳을 써 보세요.

| 1 | 2 | 3 |

izza   iver   occer

B. 잘 듣고 알맞은 그림을 고른 후, 첫소리 알파벳을 써 보세요.

C. 잘 듣고 첫소리 알파벳이 같은 단어를 찾아 연결해 보세요.

1  • •

2  • •

3  • •

D. 잘 듣고 알맞은 단어를 찾아 써 보세요.

1  2  3

_____ _____ _____

4  5

sun

turtle

quick

rabbit

penguin

_____ _____

U u

대문자 U, 소문자 u는 우리말 [어], [유]와 비슷하게 소리 나는데,
[어]는 입을 동그랗게, [유]는 입술 모아 앞으로 쭉 내밀면서 발음합니다.

Listen & Repeat ●

알파벳 u로 시작하는 단어를 잘 듣고, 따라 읽어 보세요.

25

U u

uncle

under

umbrella

umpire

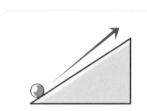
up

uniform

university

UFO

uncle 삼촌   under ~아래   umbrella 우산   umpire 심판

up ~위로, ~위에   uniform 제복, 군복   university 대학   UFO 미확인비행물체

A. 알파벳과 u로 시작하는 단어를 큰 소리로 읽고, 따라 써 보세요.

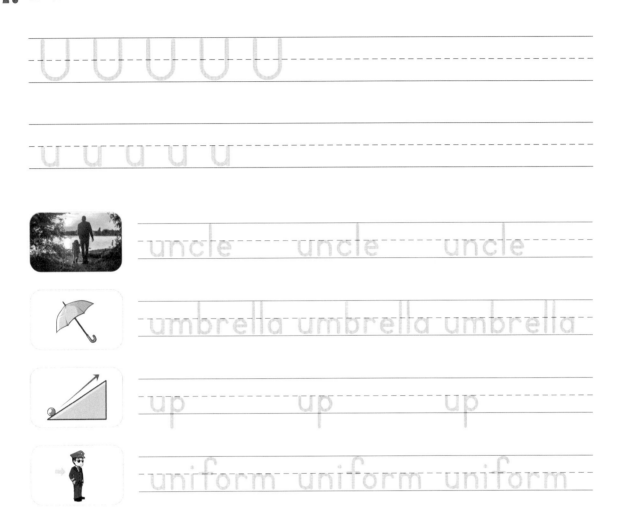

B. 알파벳 u로 시작하는 단어를 찾아 동그라미 하고, 읽어 보세요.

V v

대문자 V, 소문자 v는 우리말 [ㅂ]과 비슷하게 브 소리 나는데,
윗니로 아랫입술을 물었다가 떼면서 발음합니다.

Listen & Repeat ●

알파벳 v로 시작하는 단어를 잘 듣고, 따라 읽어 보세요.

 26

V v

van

valley

vase

vegetable

vest

vehicle

violin

volcano

van 승합차	valley 계곡, 골짜기	vase 꽃병	vegetable 채소
vest 조끼	vehicle 차량, 탈 것	violin 바이올린	volcano 화산

A. 알파벳과 v로 시작하는 단어를 큰 소리로 읽고, 따라 써 보세요.

V V V V V

v v v v v

van   van   van

vase   vase   vase

vest   vest   vest

violin   violin   violin

B. 알파벳 v로 시작하는 단어를 찾아 동그라미 하고, 읽어 보세요.

W w

대문자 W, 소문자 w는 우리말 [우]와 비슷하게 소리 나는데,
입을 동그랗게 하고 앞으로 내밀면서 발음합니다.

Listen & Repeat

알파벳 w로 시작하는 단어를 잘 듣고, 따라 읽어 보세요.

water

watch

waffle

window

winter

wizard

wife

wolf

---

water 물   watch (손목)시계   waffle 와플   window 창

winter 겨울   wizard 마법사   wife 아내   wolf 늑대

A. 알파벳과 w로 시작하는 단어를 큰 소리로 읽고, 따라 써 보세요.

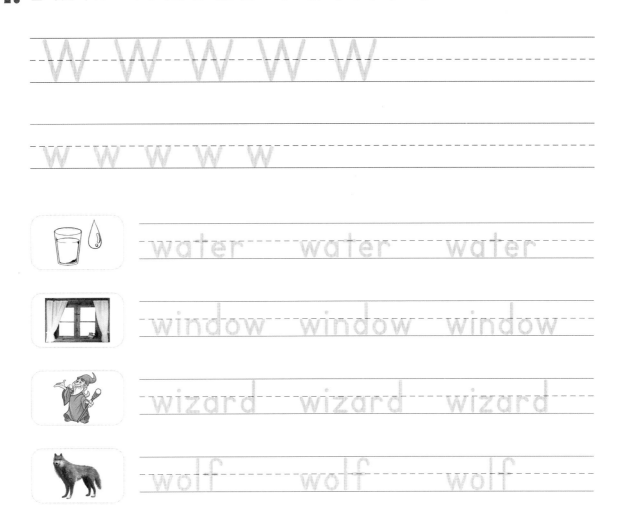

W W W W W

w w w w w

water　　water　　water

window　window　window

wizard　　wizard　　wizard

wolf　　　wolf　　　wolf

B. 알파벳 w로 시작하는 단어를 찾아 동그라미 하고, 읽어 보세요.

Day 28

X x

대문자 X, 소문자 x는 우리말 [크쓰]와 비슷하게 소리 나는데, 혀끝을 윗니 뒤의 잇몸에 대었다 떼면서 발음합니다.

Listen & Repeat ●

알파벳 x로 끝나는 단어를 잘 듣고, 따라 읽어 보세요.

 28

X x

box

complex

fox

fix

mix

six

relax

ox

---

box 상자　　　complex 복잡한　　fox 여우　　　　fix 고치다, 고정하다

mix 섞다　　　six 여섯, 6　　　relax 휴식을 취하다　ox 황소

70

A. 알파벳과 x로 끝나는 단어를 읽고, 따라 써 보세요.

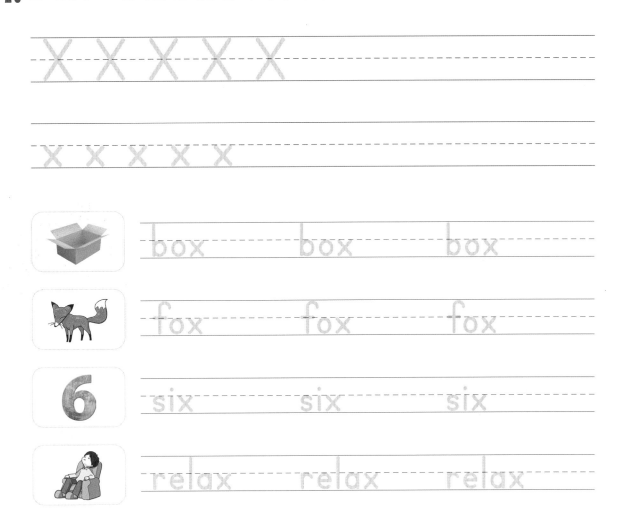

B. 알파벳 x로 끝나는 단어를 찾아 동그라미 하고, 읽어 보세요.

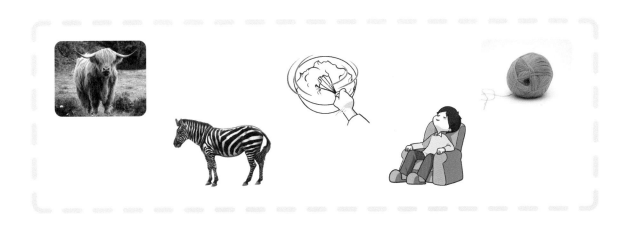

Y y

대문자 Y, 소문자 y는 우리말 [이여], [여]와 비슷하게 소리 나는데, 입을 조금 벌리면서 혀를 입천장 쪽으로 향하게 하여 발음합니다.

Listen & Repeat ●

알파벳 y로 시작하는 단어를 잘 듣고, 따라 읽어 보세요.

 29

Y y

yacht

yawn

yard

yarn

yell

yellow

yo-yo

young

yacht 요트　　yawn 하품　　yard 마당　　yarn 실

yell 소리치다　　yellow 노란색　　yo-yo 요요　　young 젊은

A. 알파벳과 y로 시작하는 단어를 큰 소리로 읽고, 따라 써 보세요.

Y Y Y Y Y

y y y y y

yacht   yacht   yacht

yawn   yawn   yawn

yellow   yellow   yellow

young   young   young

B. 알파벳 y로 시작하는 단어를 찾아 동그라미 하고, 읽어 보세요.

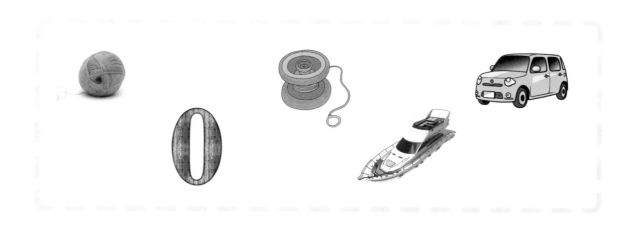

73

Day 30

Z z

대문자 Z, 소문자 z는 우리말 [ㅈ]과 비슷하게 즈 소리 나는데, 혀끝을 아랫니 뒤에 두고 배에 힘을 주어 발음합니다.

Listen & Repeat ●

알파벳 z로 시작하는 단어를 잘 듣고, 따라 읽어 보세요.

 30

Z z

zero

zebra

Zeus

zipper

zigzag

zone

zoo

zoom

---

zero 영, 0   zebra 얼룩말   Zeus 제우스   zipper 지퍼

zigzag 지그재그   zone 구역   zoo 동물원   zoom 확대하다

A. 알파벳과 z로 시작하는 단어를 큰 소리로 읽고, 따라 써 보세요.

Z Z Z Z Z

z z z z z

zero   zero   zero

zebra   zebra   zebra

zipper   zipper   zipper

zigzag   zigzag   zigzag

B. 알파벳 z로 시작하는 단어를 찾아 동그라미 하고, 읽어 보세요.

A. 잘 듣고 첫소리 알파벳을 써 보세요. 31-1

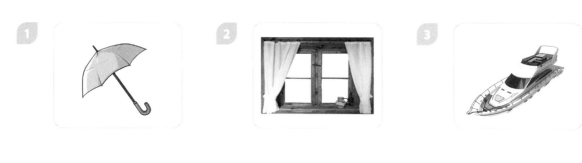

mbrella   indow   acht

B. 잘 듣고 알맞은 그림을 고른 후, 첫소리 알파벳을 써 보세요. 31-2

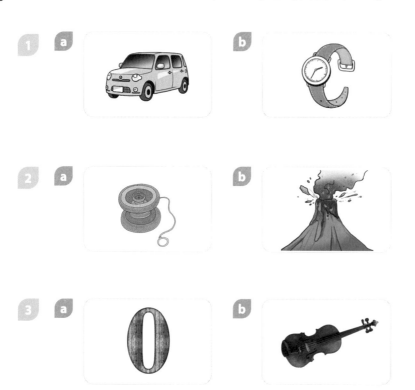

C. 잘 듣고 첫소리 알파벳이 같은 단어를 찾아 연결해 보세요.

1  • •

2  • •

3  • •

D. 잘 듣고 알맞은 단어를 찾아 써 보세요.

1    2    3

_____   _____   _____

4    5

fox
yard
zebra
water
vegetable

_____   _____

단모음

Short Vowels

ad	am	at		ag	an	ap
ell	ed	eg		en	et	
ig	in	it		ip	ix	id
op	ot	ox		ob	og	
ug	um	un		ub	up	ut

단모음 a - ad, am, at

Day 32

Listen & Repeat

단모음 a가 들어가는 단어를 잘 듣고, 따라 읽어 보세요.

ad

sad

dad

am

ram

jam

at

mat

cat

---

sad 슬픈　　　dad 아빠　　　ram 양　　　jam 잼

mat 매트, 깔개　　　cat 고양이

Writing & Activity ●

A. 단모음 a가 들어가는 단어를 큰 소리로 읽고, 따라 써 보세요.

sad   sad

dad   dad

ram   ram

jam   jam

mat   mat

cat   cat

B. 알맞은 알파벳을 골라 단어를 완성하고, 읽어 보세요.

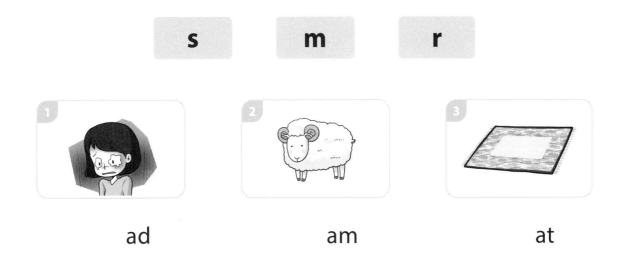

| s | m | r |

1   ad

2   am

3   at

단모음 a - ag, an, ap

단모음 a가 들어가는 단어를 잘 듣고, 따라 읽어 보세요.

 33

ag

bag

tag

an

can

man

ap

nap

map

---

bag 가방   tag 상표   can 캔, 깡통   man 남자

nap 낮잠   map 지도

A. 단모음 a가 들어가는 단어를 큰 소리로 읽고, 따라 써 보세요.

bag   bag

tag   tag

can   can

man   man

nap   nap

map   map

B. 알맞은 알파벳을 골라 단어를 완성하고, 읽어 보세요.

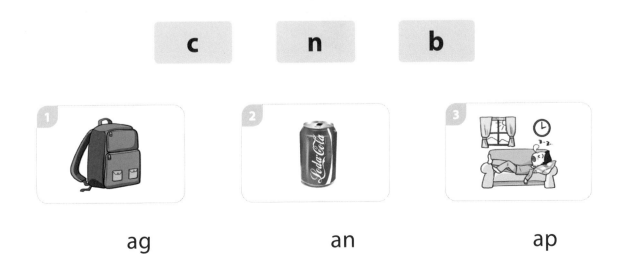

c   n   b

1   2   3

ag   an   ap

단모음 e - ell, ed, eg

단모음 e가 들어가는 단어를 잘 듣고, 따라 읽어 보세요.

ell

bell

smell

ed

bed

red

eg

beg

leg

---

bell 종　　　smell 냄새　　　bed 침대　　　red 빨간색

beg 간청하다　　　leg 다리

A. 단모음 e가 들어가는 단어를 큰 소리로 읽고, 따라 써 보세요.

bell   bell

smell   smell

bed   bed

red   red

beg   beg

leg   leg

B. 알맞은 알파벳을 골라 단어를 완성하고, 읽어 보세요.

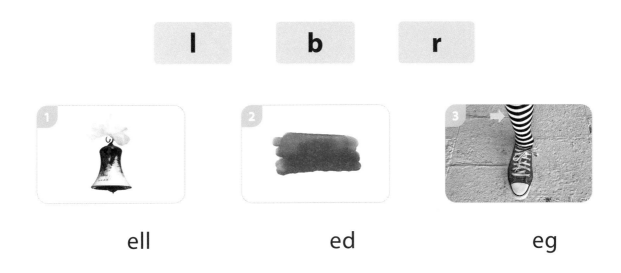

| l | b | r |

ell   ed   eg

85

단모음 **e** - en, et

Day 35

Listen & Repeat ●

단모음 e가 들어가는 단어를 잘 듣고, 따라 읽어 보세요.

 35

en

pen

ten

et

jet

net

---

pen 펜   ten 열, 10

jet 제트기   net 그물

86

A. 단모음 e가 들어가는 단어를 큰 소리로 읽고, 따라 써 보세요.

pen   pen

ten   ten

jet   jet

net   net

B. 알맞은 알파벳을 골라 단어를 완성하고, 읽어 보세요.

| n | t | p |

1   en

2   en

3   et

단모음 i - ig, in, it

Listen & Repeat ●

단모음 i가 들어가는 단어를 잘 듣고, 따라 읽어 보세요.

 36

ig

dig

pig

in

pin

fin

it

hit

sit

---

dig (땅을) 파다   pig 돼지   pin 핀   fin 지느러미

hit 치다   sit 앉다

A. 단모음 i가 들어가는 단어를 큰 소리로 읽고, 따라 써 보세요.

dig dig

pig pig

pin pin

fin fin

hit hit

sit sit

B. 알맞은 알파벳을 골라 단어를 완성하고, 읽어 보세요.

f   p   h

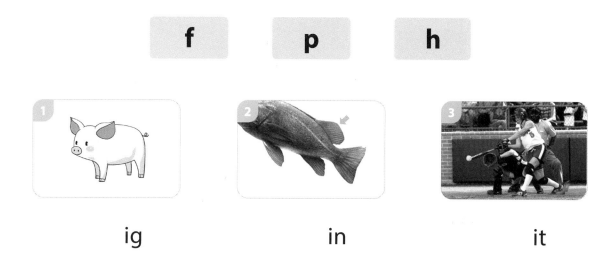

ig   in   it

A. 잘 듣고 알맞은 끝소리를 고르세요.

 37-1

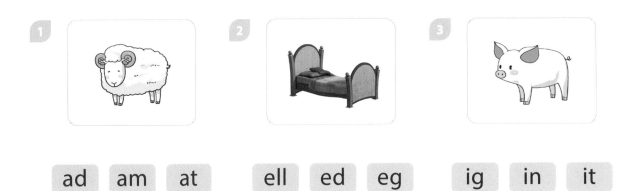

1	2	3
ad am at	ell ed eg	ig in it

B. 잘 듣고 알맞은 그림을 고른 후, 끝소리를 써 보세요.

 37-2

1 a   b

2 a   b

3 a   b

C. 잘 듣고 끝소리가 같은 단어를 찾아 연결해 보세요.

1  • •

2 • •

3  • •

D. 잘 듣고 알맞은 단어를 찾아 써 보세요.

1

2

3

_____   _____   _____

4

5

tag

pin

jam

bell

pen

_____   _____

단모음 i - ip, ix, id

Listen & Repeat

단모음 i가 들어가는 단어를 잘 듣고, 따라 읽어 보세요.

ip

lip

rip

ix

six

mix

id

kid

lid

---

lip 입술　　　rip 찢다　　　six 여섯, 6　　　mix 섞다

kid 아이　　　lid 뚜껑

A. 단모음 i가 들어가는 단어를 큰 소리로 읽고, 따라 써 보세요.

lip   lip

rip   rip

six   six

mix   mix

kid   kid

lid   lid

B. 알맞은 알파벳을 골라 단어를 완성하고, 읽어 보세요.

k   l   m

ip   id   ix

단모음 O - op, ot, ox

Listen & Repeat ●

단모음 o가 들어가는 단어를 잘 듣고, 따라 읽어 보세요.

op

mop

hop

ot

pot

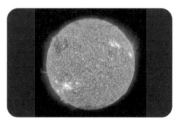

hot

ox

box

fox

---

mop 대걸레   hop 깡충깡충 뛰다   pot 솥, 냄비   hot 뜨거운

box 상자   fox 여우

Writing & Activity ●

A. 단모음 o가 들어가는 단어를 큰 소리로 읽고, 따라 써 보세요.

mop　　　mop

hop　　　hop

pot　　　pot

hot　　　hot

box　　　box

fox　　　fox

B. 알맞은 알파벳을 골라 단어를 완성하고, 읽어 보세요.

b　　　m　　　p

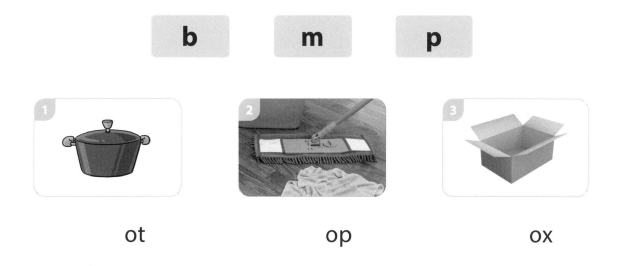

ot　　　op　　　ox

단모음 O - ob, og

단모음 o가 들어가는 단어를 잘 듣고, 따라 읽어 보세요.

 40

ob

job

mob

og

fog

log

---

job 직업   mob 군중, 무리

fog 안개   log 통나무

A. 단모음 o가 들어가는 단어를 큰 소리로 읽고, 따라 써 보세요.

job   job

mob   mob

fog   fog

log   log

B. 알맞은 알파벳을 골라 단어를 완성하고, 읽어 보세요.

j   f   l

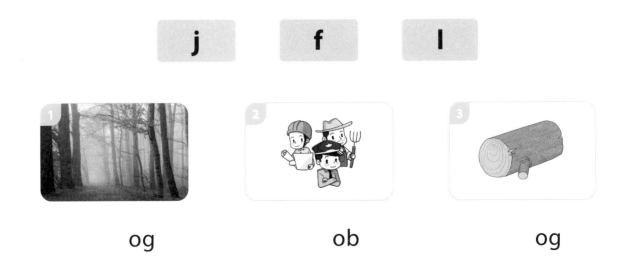

og   ob   og

단모음 u - ug, um, un

Listen & Repeat ●

단모음 u가 들어가는 단어를 잘 듣고, 따라 읽어 보세요.

 41

ug

bug

hug

um

gum

drum

un

fun

run

---

bug 벌레   hug 껴안다   gum 껌, 잇몸   drum 드럼

fun 재미   run 달리다

A. 단모음 u가 들어가는 단어를 큰 소리로 읽고, 따라 써 보세요.

bug   bug

hug   hug

gum   gum

drum   drum

fun   fun

run   run

B. 알맞은 알파벳을 골라 단어를 완성하고, 읽어 보세요.

b	dr	r

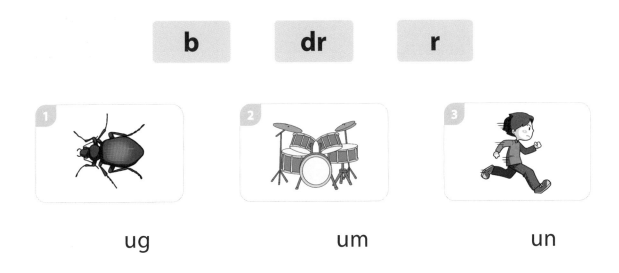

1   ug

2   um

3   un

단모음 u - ub, up, ut

단모음 u가 들어가는 단어를 잘 듣고, 따라 읽어 보세요.

 42

ub

tub

rub

up

cup

pup

ut

cut

nut

---

tub 욕조   rub 비비다, 문지르다   cup 컵, 잔   pup 강아지, 새끼

cut 자르다   nut 견과

A. 단모음 u가 들어가는 단어를 큰 소리로 읽고, 따라 써 보세요.

tub   tub

rub   rub

cup   cup

pup   pup

cut   cut

nut   nut

B. 알맞은 알파벳을 골라 단어를 완성하고, 읽어 보세요.

c   t   p

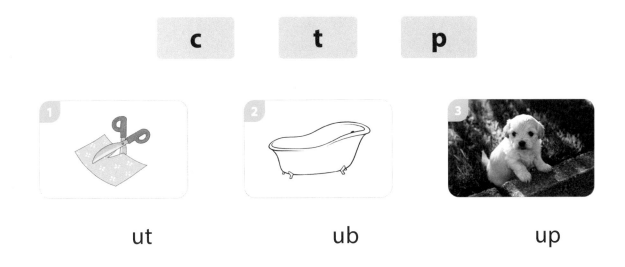

ut   ub   up

A. 잘 듣고 알맞은 끝소리를 고르세요.

 43-1

| ip | ix | id | op | ot | ox | ug | um | un |

B. 잘 듣고 알맞은 그림을 고른 후, 끝소리를 써 보세요.

 43-2

C. 잘 듣고 끝소리가 같은 단어를 찾아 연결해 보세요.

43-3

 •   •

 •   •

 •   •

D. 잘 듣고 알맞은 단어를 찾아 써 보세요.

43-4

1    2    3

_____   _____   _____

4    5

_____   _____

kid

tub

job

box

fun

Part 3

장모음
Long Vowels

ake	ape	ave		ame	ate	ase
e	ese					
ike	ime	ive		ine	ipe	ite
ose	one	ole		ome	ope	ote
ube	ute			ule	une	

장모음 a - ake, ape, ave

Listen & Repeat ●

장모음 a가 들어가는 단어를 잘 듣고, 따라 읽어 보세요.

44

ake

cake

bake

ape

tape

cape

ave

cave

wave

cake 케이크   bake (빵을) 굽다   tape 테이프   cape 망토

cave 동굴   wave 파도

A. 장모음 a가 들어가는 단어를 큰 소리로 읽고, 따라 써 보세요.

cake   cake

bake   bake

tape   tape

cape   cape

cave   cave

wave   wave

B. 알맞은 알파벳을 골라 단어를 완성하고, 읽어 보세요.

c   t   w

ape   ake   ave

장모음 a - ame, ate, ase

Day 45

Listen & Repeat

장모음 a가 들어가는 단어를 잘 듣고, 따라 읽어 보세요.

 45

ame

name

game

ate

gate

date

ase

base

case

name 이름　　game 게임, 경기　　gate 문　　date 날짜

base (야구) 베이스, 기본　　case 덮개, 용기

108

A. 장모음 a가 들어가는 단어를 큰 소리로 읽고, 따라 써 보세요.

name   name

game   game

gate   gate

date   date

base   base

case   case

B. 알맞은 알파벳을 골라 단어를 완성하고, 읽어 보세요.

c   **g**   **n**

ame   ate   ase

장모음 e - e, ese

Listen & Repeat ●

장모음 e가 들어가는 단어를 잘 듣고, 따라 읽어 보세요.

 46

e

he

she

ese

these

Chinese

---

he 그   she 그녀

these 이것들   Chinese 중국인, 중국어

A. 장모음 e가 들어가는 단어를 큰 소리로 읽고, 따라 써 보세요.

he   he

she   she

these   these

Chinese Chinese

B. 알맞은 알파벳을 골라 단어를 완성하고, 읽어 보세요.

th   **h**   **sh**

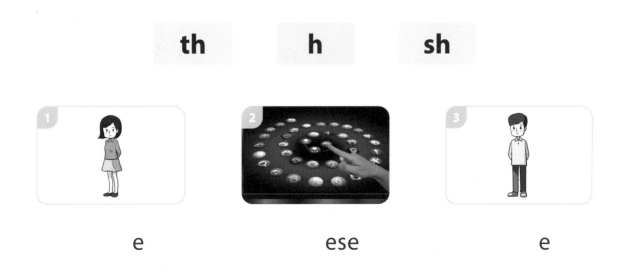

e   ese   e

장모음 i - ike, ime, ive

Listen & Repeat

장모음 i가 들어가는 단어를 잘 듣고, 따라 읽어 보세요.

ike

bike

hike

ime

dime

lime

ive

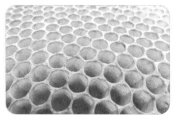
hive

dive

bike 자전거   hike 하이킹, 도보 여행   dime 다임(미국, 캐나다의 10센트 동전)

lime 라임   hive 벌집   dive 잠수하다, 다이빙하다

A. 장모음 i가 들어가는 단어를 큰 소리로 읽고, 따라 써 보세요.

bike   bike

hike   hike

dime   dime

lime   lime

hive   hive

dive   dive

B. 알맞은 알파벳을 골라 단어를 완성하고, 읽어 보세요.

b   **d**   **l**

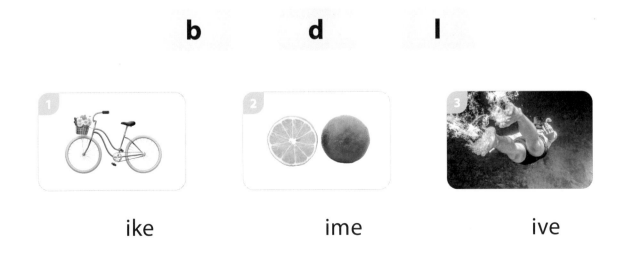

ike   ime   ive

113

장모음 i - ine, ipe, ite

Listen & Repeat ●

장모음 i가 들어가는 단어를 잘 듣고, 따라 읽어 보세요.

ine

nine

pine

ipe

pipe

wipe

ite

kite

bite

nine 아홉, 9　　pine 소나무　　pipe 관, 파이프　　wipe 닦다

kite 연　　bite 물다

114

A. 장모음 i가 들어가는 단어를 큰 소리로 읽고, 따라 써 보세요.

nine   nine

pine   pine

pipe   pipe

wipe   wipe

kite   kite

bite   bite

B. 알맞은 알파벳을 골라 단어를 완성하고, 읽어 보세요.

k   w   p

ine   ipe   ite

A. 잘 듣고 알맞은 끝소리를 고르세요.

1

ake   ape   ave

2

e   ese

3

ike   ime   ive

B. 잘 듣고 알맞은 그림을 고른 후, 끝소리를 써 보세요.

1 a   b

2 a    b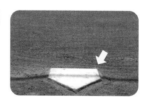

3 a    b

C. 잘 듣고 끝소리가 같은 단어를 찾아 연결해 보세요.

1 •   •

2 •   •

3 •   •

D. 잘 듣고 알맞은 단어를 찾아 써 보세요.

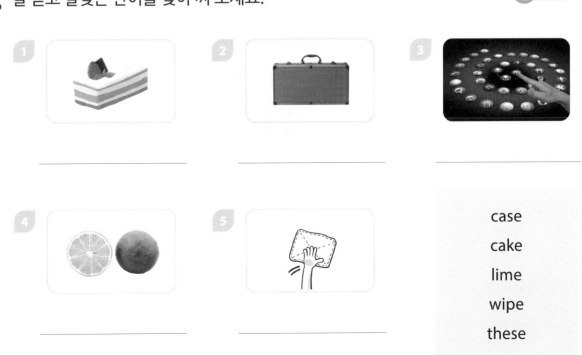

| 1 | 2 | 3 |

| 4 | 5 |

case

cake

lime

wipe

these

장모음 O - ose, one, ole

장모음 o가 들어가는 단어를 잘 듣고, 따라 읽어 보세요.

 50

ose

rose

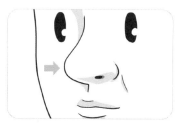
nose

one

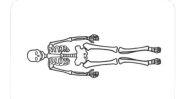
bone

cone

ole

hole

pole

---

rose 장미   nose 코   bone 뼈   cone 원뿔

hole 구멍   pole 기둥, 장대, 막대기

A. 장모음 o가 들어가는 단어를 큰 소리로 읽고, 따라 써 보세요.

rose   rose

nose   nose

bone   bone

cone   cone

hole   hole

pole   pole

B. 알맞은 알파벳을 골라 단어를 완성하고, 읽어 보세요.

h   **r**   **b**

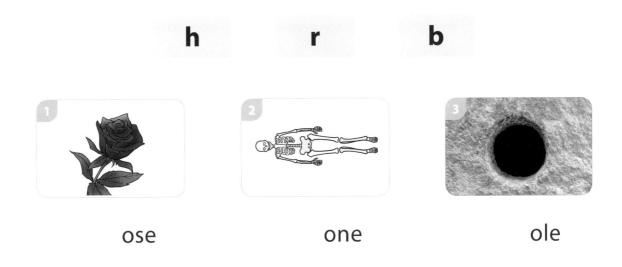

ose   one   ole

장모음 O - ome, ope, ote

장모음 o가 들어가는 단어를 잘 듣고, 따라 읽어 보세요.

 51

ome

dome

home

ope

rope

hope

ote

note

vote

dome 반구형 지붕　　home 집, 가정　　rope 밧줄　　hope 희망하다

note 공책, 메모　　vote 투표

A. 장모음 o가 들어가는 단어를 큰 소리로 읽고, 따라 써 보세요.

dome   dome

home   home

rope   rope

hope   hope

note   note

vote   vote

B. 알맞은 알파벳을 골라 단어를 완성하고, 읽어 보세요.

v   r   d

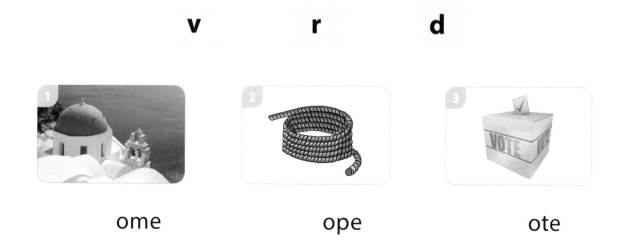

ome   ope   ote

장모음 u - ube, ute

Listen & Repeat

장모음 u가 들어가는 단어를 잘 듣고, 따라 읽어 보세요.

 52

ube

cube

tube

ute

cute

mute

---

cube 정육면체   tube 튜브, 관

cute 귀여운   mute 말 없는

A. 장모음 u가 들어가는 단어를 큰 소리로 읽고, 따라 써 보세요.

cube   cube

tube   tube

cute   cute

mute   mute

B. 알맞은 알파벳을 골라 단어를 완성하고, 읽어 보세요.

c   m   t

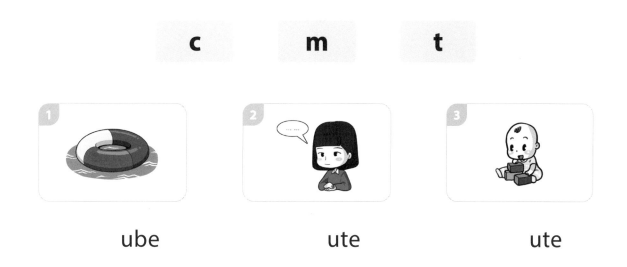

ube   ute   ute

장모음 u - ule, une

장모음 u가 들어가는 단어를 잘 듣고, 따라 읽어 보세요.

53

ule

mule

rule

une

dune

tune

---

mule 노새   rule 규칙

dune 모래언덕, 사구   tune 곡, 선율

A. 장모음 u가 들어가는 단어를 큰 소리로 읽고, 따라 써 보세요.

mule   mule

rule   rule

dune   dune

tune   tune

B. 알맞은 알파벳을 골라 단어를 완성하고, 읽어 보세요.

r   **d**   **m**

ule   une   ule

A. 잘 듣고 알맞은 끝소리를 고르세요.   54-1

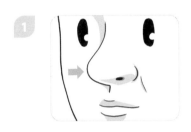

ose one ole   ome ope ote   ule une

B. 잘 듣고 알맞은 그림을 고른 후, 끝소리를 써 보세요.   54-2

1 a 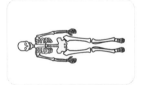   b

2 a    b

3 a    b

C. 잘 듣고 끝소리가 같은 단어를 찾아 연결해 보세요.

  • •

  • •

 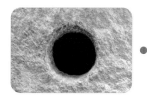 • •

D. 잘 듣고 알맞은 단어를 찾아 써 보세요.

_____ _____

_____ _____

rule

cute

cone

hope

이중자음
Consonant Combinations

th	wh	ph		sh	ch
ng	nk				
sm	sn	st		sc	sk	sw
bl	cl	fl		gl	pl	sl
br	cr	dr		pr	gr	tr

이중자음 th, wh, ph

Day 55

이중자음이 들어가는 단어를 잘 듣고, 따라 읽어 보세요.

 55

th

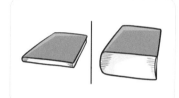
thin / thick

earth

wh

whale

white

ph

photo

triumph

thin 얇은 / thick 두꺼운   earth 지구

whale 고래   white 하얀색   photo 사진   triumph 승리

Writing & Activity

A. 이중자음이 들어가는 단어를 큰 소리로 읽고, 따라 써 보세요.

thin   thin   thick   thick

earth   earth

whale   whale

white   white

photo   photo

triumph   triumph

B. 알맞은 이중자음을 골라 단어를 완성하고, 읽어 보세요.

wh   th   ph

ear   ale   oto

이중자음 sh, ch

Listen & Repeat ●

이중자음이 들어가는 단어를 잘 듣고, 따라 읽어 보세요. 56

sh

ship

dish

ch

chin

lunch

ship 배   dish 접시

chin 턱   lunch 점심

A. 이중자음이 들어가는 단어를 큰 소리로 읽고, 따라 써 보세요.

ship　　ship

dish　　dish

chin　　chin

lunch　　lunch

B. 알맞은 이중자음을 골라 단어를 완성하고, 읽어 보세요.

sh　　　**ch**

ip　　　　lun　　　　di

이중자음 ng, nk

Listen & Repeat ●

이중자음이 들어가는 단어를 잘 듣고, 따라 읽어 보세요.

 57

ng

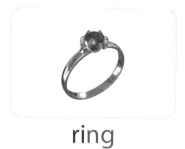

ring

wing

nk

bank

wink

---

ring 반지   wing 날개

bank 은행   wink 윙크

134

A. 이중자음이 들어가는 단어를 큰 소리로 읽고, 따라 써 보세요.

ring   ring

wing   wing

bank   bank

wink   wink

B. 알맞은 이중자음을 골라 단어를 완성하고, 읽어 보세요.

ng   **nk**

wi   ri   wi

이중자음 sm, sn, st

Listen & Repeat ●

이중자음이 들어가는 단어를 잘 듣고, 따라 읽어 보세요.

 58

sm

small

smile

sn

snake

snow

st

stop

study

---

small 작은   smile 미소   snake 뱀   snow 눈

stop 멈춤   study 공부

Writing & Activity ●

A. 이중자음이 들어가는 단어를 큰 소리로 읽고, 따라 써 보세요.

small　　small

smile　　smile

snake　　snake

snow　　snow

stop　　stop

study　　study

B. 알맞은 이중자음을 골라 단어를 완성하고, 읽어 보세요.

st　　　　**sn**　　　　**sm**

ile

ake

udy

이중자음 sc, sk, sw

이중자음이 들어가는 단어를 잘 듣고, 따라 읽어 보세요.

 59

sc

scarf

score

sk

skate

skirt

sw

swim

swing

---

scarf 스카프, 목도리　　score 점수　　skate 스케이트　　skirt 치마

swim 수영, 수영하다　　swing 그네

A. 이중자음이 들어가는 단어를 큰 소리로 읽고, 따라 써 보세요.

scarf   scarf

score   score

skate   skate

skirt   skirt

swim   swim

swing   swing

B. 알맞은 이중자음을 골라 단어를 완성하고, 읽어 보세요.

sk   **sw**   **sc**

1

2

3

arf   ate   ing

139

Review

Day 55~59

A. 잘 듣고 알맞은 이중자음을 고르세요.

B. 잘 듣고 알맞은 그림을 고른 후, 이중자음을 써 보세요.

C. 잘 듣고 이중자음이 같은 단어를 찾아 연결해 보세요.

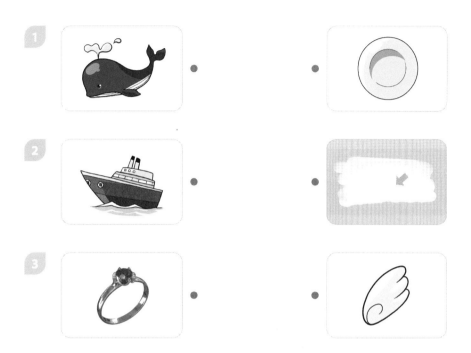

D. 잘 듣고 알맞은 단어를 찾아 써 보세요.

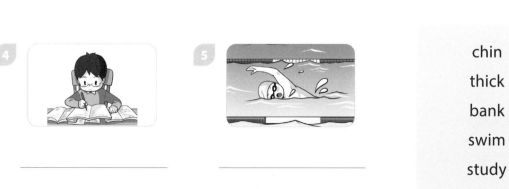

chin

thick

bank

swim

study

이중자음 bl, cl, fl

Listen & Repeat ●

이중자음이 들어가는 단어를 잘 듣고, 따라 읽어 보세요.   61

bl

black

blade

cl

clock

clap

fl

flag

flame

---

black 검은색   blade 칼날   clock 자명종, 시계   clap 박수

flag 깃발   flame 불꽃

A. 이중자음이 들어가는 단어를 큰 소리로 읽고, 따라 써 보세요.

black   black

blade   blade

clock   clock

clap   clap

flag   flag

flame   flame

B. 알맞은 이중자음을 골라 단어를 완성하고, 읽어 보세요.

cl   **fl**   **bl**

ade   ock   ame

이중자음 gl, pl, sl

Listen & Repeat

이중자음이 들어가는 단어를 잘 듣고, 따라 읽어 보세요.

 62

gl

glass

globe

pl

plant

plum

sl

sled

slide

---

glass 유리, 유리잔   globe 지구본   plant 식물   plum 자두

sled 썰매   slide 미끄럼틀

Writing & Activity ●

A. 이중자음이 들어가는 단어를 큰 소리로 읽고, 따라 써 보세요.

glass   glass

globe   globe

plant   plant

plum   plum

sled   sled

slide   slide

B. 알맞은 이중자음을 골라 단어를 완성하고, 읽어 보세요.

| gl | sl | pl |

1. obe
2. ant
3. ide

이중자음 **br, cr, dr**

Listen & Repeat ●

이중자음이 들어가는 단어를 잘 듣고, 따라 읽어 보세요.

63

br

bread

brick

cr

crab

crown

dr

dress

drum

bread 빵   brick 벽돌   crab 게   crown 왕관

dress 드레스, 원피스   drum 드럼

A. 이중자음이 들어가는 단어를 큰 소리로 읽고, 따라 써 보세요.

bread   bread

brick   brick

crab   crab

crown   crown

dress   dress

drum   drum

B. 알맞은 이중자음을 골라 단어를 완성하고, 읽어 보세요.

dr   **cr**   **br**

ead   ab   ess

이중자음 pr, gr, tr

Listen & Repeat ●

이중자음이 들어가는 단어를 잘 듣고, 따라 읽어 보세요.

 64

pr

prize

press

gr

grape

grass

tr

truck

track

---

prize 상　　press 누르다　　grape 포도　　grass 풀, 잔디

truck 트럭　　track 길, 경주로

A. 이중자음이 들어가는 단어를 큰 소리로 읽고, 따라 써 보세요.

prize   prize

press   press

grape   grape

grass   grass

truck   truck

track   track

B. 알맞은 이중자음을 골라 단어를 완성하고, 읽어 보세요.

gr   **tr**   **pr**

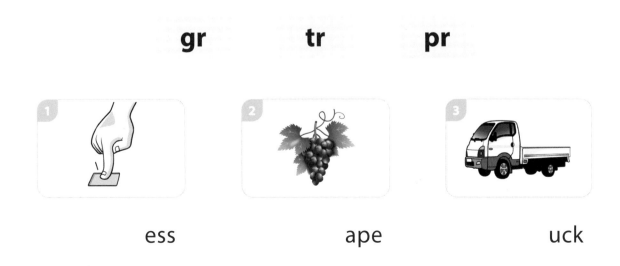

ess   ape   uck

Review

Day 61~64

A. 잘 듣고 알맞은 이중자음을 고르세요.

65-1

1	2	3
bl cl fl	gl pl sl	pr gr tr

B. 잘 듣고 알맞은 그림을 고른 후, 이중자음을 써 보세요.

65-2

C. 잘 듣고 이중자음이 같은 단어를 찾아 연결해 보세요.

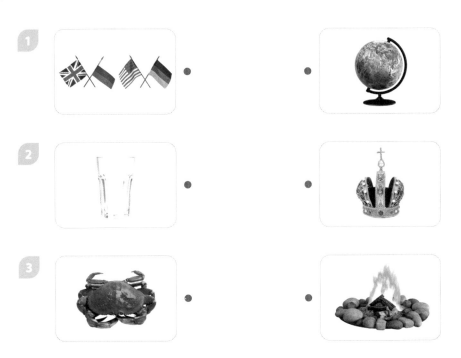

D. 잘 듣고 알맞은 단어를 찾아 써 보세요.

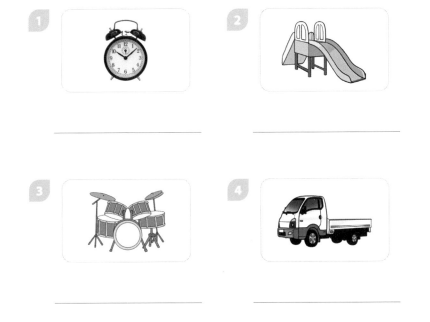

slide

clock

truck

drum

이중모음
Vowel Combinations

ai	ay		au	aw
ar	or			
ee	ea	ey	ew	oo
er	ir	ur		
oa	ow		ou	ow
oi	oy		ue	ui

이중모음 ai, ay

이중모음이 들어가는 단어를 잘 듣고, 따라 읽어 보세요.

 66

ai

snail

rain

ay

clay

tray

---

snail 달팽이   rain 비

clay 진흙   tray 쟁반

A. 이중모음이 들어가는 단어를 큰 소리로 읽고, 따라 써 보세요.

snail   snail

rain   rain

clay   clay

tray   tray

B. 알맞은 이중모음을 골라 단어를 완성하고, 읽어 보세요.

ai   ay

sn   l   r   n   cl

Day 67

이중모음 au, aw

Listen & Repeat

이중모음이 들어가는 단어를 잘 듣고, 따라 읽어 보세요.

au

auto

autumn

aw

draw

straw

---

auto 자동차   autumn 가을

draw 그리다   straw 빨대

A. 이중모음이 들어가는 단어를 큰 소리로 읽고, 따라 써 보세요.

auto   auto

autumn autumn

draw   draw

straw   straw

B. 알맞은 이중모음을 골라 단어를 완성하고, 읽어 보세요.

| aw | au |

tumn   dr   str

이중모음 ar, or

이중모음이 들어가는 단어를 잘 듣고, 따라 읽어 보세요.

ar

star

jar

or

corn

horn

---

star 별   jar 병, 항아리

corn 옥수수   horn 뿔

A. 이중모음이 들어가는 단어를 큰 소리로 읽고, 따라 써 보세요.

star star

jar jar

corn corn

horn horn

B. 알맞은 이중모음을 골라 단어를 완성하고, 읽어 보세요.

ar **or**

1   2   3

st   j   c n

이중모음 ee, ea, ey

Listen & Repeat ●

이중모음이 들어가는 단어를 잘 듣고, 따라 읽어 보세요.

 69

ee

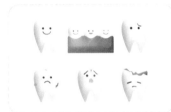
teeth

sleep

ea

sea

tea

ey

honey

monkey

---

teeth 치아   sleep 잠   sea 바다   tea 차

honey 꿀   monkey 원숭이

A. 이중모음이 들어가는 단어를 큰 소리로 읽고, 따라 써 보세요.

teeth   teeth

sleep   sleep

sea   sea

tea   tea

honey   honey

monkey   monkey

B. 알맞은 이중모음을 골라 단어를 완성하고, 읽어 보세요.

ea   ee   ey

t   th   s   monk

이중모음 ew, oo

Listen & Repeat ●

이중모음이 들어가는 단어를 잘 듣고, 따라 읽어 보세요.

 70

ew

chew

view

oo

moon

spoon

chew 씹다   view 전망, 경치

moon 달   spoon 숟가락

A. 이중모음이 들어가는 단어를 큰 소리로 읽고, 따라 써 보세요.

chew   chew

view   view

moon   moon

spoon   spoon

B. 알맞은 이중모음을 골라 단어를 완성하고, 읽어 보세요.

| ew | oo |

ch   vi   sp   n

A. 잘 듣고 알맞은 이중모음을 고르세요.

1. aw ay

2. au ai

3. ee ew

B. 잘 듣고 알맞은 그림을 고른 후, 이중모음을 써 보세요.

1. a b

2. a b

3. a b

C. 잘 듣고 이중모음이 같은 단어를 찾아 연결해 보세요.

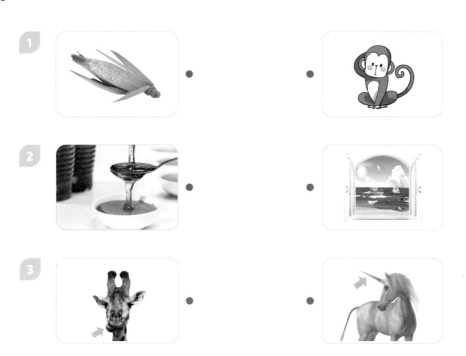

1

2

3

D. 잘 듣고 알맞은 단어를 찾아 써 보세요.

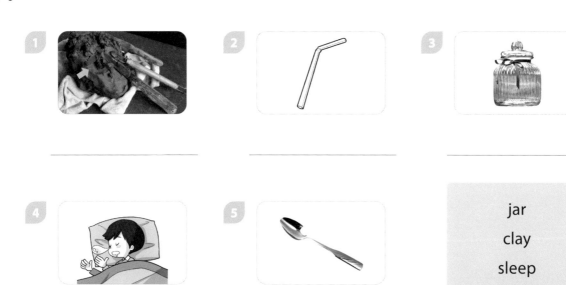

1

2

3

4

5

jar

clay

sleep

straw

spoon

이중모음 er, ir, ur

이중모음이 들어가는 단어를 잘 듣고, 따라 읽어 보세요.

 72

er

farmer

teacher

ir

shirt

first

ur

nurse

church

---

farmer 농부   teacher 선생님   shirt 셔츠   first 첫째

nurse 간호사   church 교회

A. 이중모음이 들어가는 단어를 큰 소리로 읽고, 따라 써 보세요.

farmer   farmer

teacher   teacher

shirt   shirt

first   first

nurse   nurse

church   church

B. 알맞은 이중모음을 골라 단어를 완성하고, 읽어 보세요.

er   ir   ur

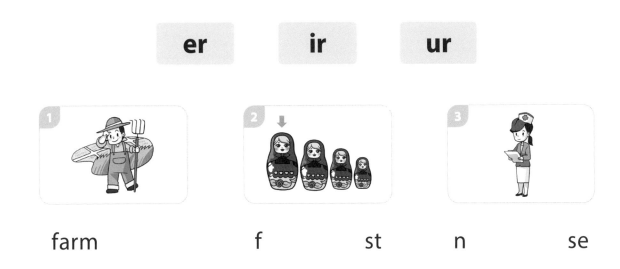

farm   f   st   n   se

이중모음 oa, ow

Listen & Repeat ●

이중모음이 들어가는 단어를 잘 듣고, 따라 읽어 보세요.

 73

oa

coat

soap

ow

crow

row

coat 코트   soap 비누

crow 까마귀   row 노, 노를 젓다

A. 이중모음이 들어가는 단어를 큰 소리로 읽고, 따라 써 보세요.

coat   coat

soap   soap

crow   crow

row   row

B. 알맞은 이중모음을 골라 단어를 완성하고, 읽어 보세요.

oa   ow

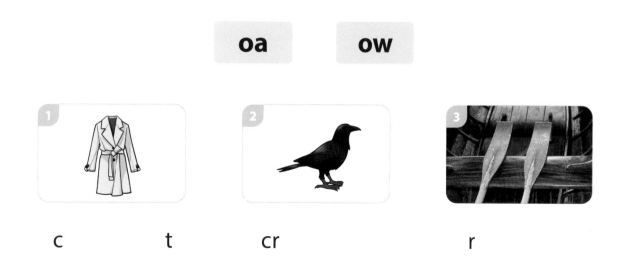

c   t   cr   r

이중모음 ou, ow

Listen & Repeat

이중모음이 들어가는 단어를 잘 듣고, 따라 읽어 보세요.

ou

ow

cloud 구름   round 둥근, 원형의

170

Writing & Activity

A. 이중모음이 들어가는 단어를 큰 소리로 읽고, 따라 써 보세요.

cloud   cloud

round   round

owl   owl

clown   clown

B. 알맞은 이중모음을 골라 단어를 완성하고, 읽어 보세요.

| ou | ow |

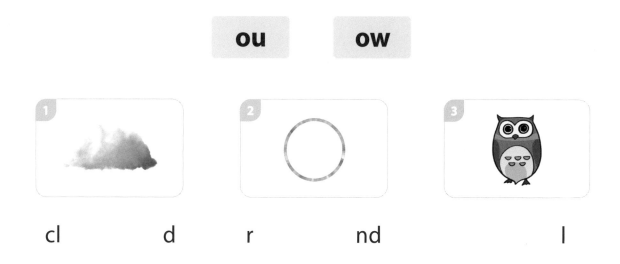

cl___d   r___nd   ___l

이중모음 oi, oy

이중모음이 들어가는 단어를 잘 듣고, 따라 읽어 보세요.

oi

oil

coin

oy

soy

toy

---

oil 기름   coin 동전

soy 콩   toy 장난감

A. 이중모음이 들어가는 단어를 큰 소리로 읽고, 따라 써 보세요.

oil   oil

coin   coin

soy   soy

toy   toy

B. 알맞은 이중모음을 골라 단어를 완성하고, 읽어 보세요.

| oi | oy |

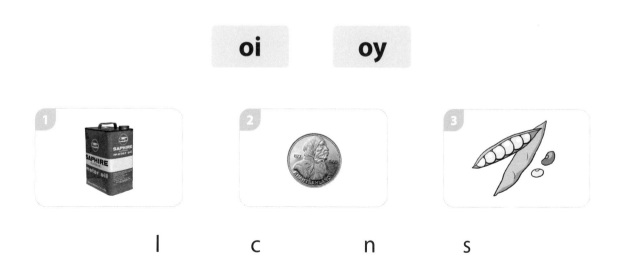

l   c   n   s

이중모음 ue, ui

Listen & Repeat ●

이중모음이 들어가는 단어를 잘 듣고, 따라 읽어 보세요.

ue

clue

glue

ui

juice

fruit

---

clue 단서   glue 풀, 접착제

juice 주스   fruit 과일

A. 이중모음이 들어가는 단어를 큰 소리로 읽고, 따라 써 보세요.

clue   clue

glue   glue

juice   juice

fruit   fruit

B. 알맞은 이중모음을 골라 단어를 완성하고, 읽어 보세요.

ue   ui

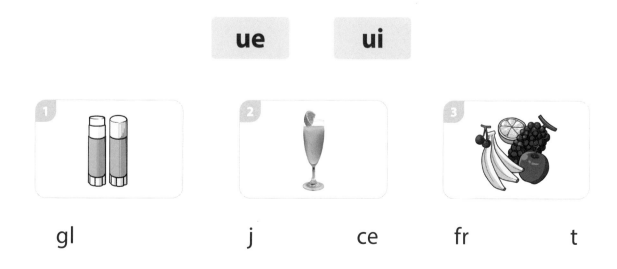

gl   j   ce   fr   t

A. 잘 듣고 알맞은 이중모음을 고르세요.

77-1

1	2	3
er ar	oa oi	oa ow

B. 잘 듣고 알맞은 그림을 고른 후, 이중모음을 써 보세요.

77-2

1 a b

2 a b

3 a b

C. 잘 듣고 이중모음이 같은 단어를 찾아 연결해 보세요.

D. 잘 듣고 알맞은 단어를 찾아 써 보세요.

정답

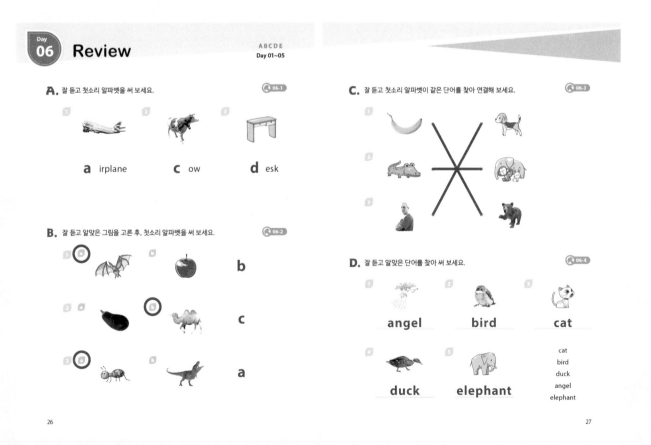

Day 06 Review

ABCDE
Day 01~05

A. 잘 듣고 첫소리 알파벳을 써 보세요. 06-1

1. **a** irplane
2. **c** ow
3. **d** esk

B. 잘 듣고 알맞은 그림을 고른 후, 첫소리 알파벳을 써 보세요. 06-2

b
c
a

C. 잘 듣고 첫소리 알파벳이 같은 단어를 찾아 연결해 보세요. 06-3

D. 잘 듣고 알맞은 단어를 찾아 써 보세요. 06-4

1. **angel**
2. **bird**
3. **cat**
4. **duck**
5. **elephant**

cat
bird
duck
angel
elephant

26   27

178

Day 12 Review FGHIJ Day 07~11

A. 잘 듣고 첫소리 알파벳을 써 보세요. 🔊 12-1

f lower　　**h** amburger　　**i** nsect

B. 잘 듣고 알맞은 그림을 고른 후, 첫소리 알파벳을 써 보세요. 🔊 12-2

g

h

i

C. 잘 듣고 첫소리 알파벳이 같은 단어를 찾아 연결해 보세요. 🔊 12-3

D. 잘 듣고 알맞은 단어를 찾아 써 보세요. 🔊 12-4

fish　　**goat**　　**house**

iguana　　**juice**

fish
goat
juice
house
iguana

38

39

Day 18 Review KLMNO Day 13~17

A. 잘 듣고 첫소리 알파벳을 써 보세요. 🔊 18-1

k iwi　　**m** onkey　　**n** ut

B. 잘 듣고 알맞은 그림을 고른 후, 첫소리 알파벳을 써 보세요. 🔊 18-2

k

o

m

C. 잘 듣고 첫소리 알파벳이 같은 단어를 찾아 연결해 보세요. 🔊 18-3

D. 잘 듣고 알맞은 단어를 찾아 써 보세요. 🔊 18-4

kangaroo　　**lion**　　**mouse**

notebook　　**octopus**

lion
mouse
octopus
kangaroo
notebook

50

51

179

Day 24 Review
PQRST
Day 19~23

A. 잘 듣고 첫소리 알파벳을 써 보세요. 🔊 24-1

p izza　　**r** iver　　**s** occer

B. 잘 듣고 알맞은 그림을 고른 후, 첫소리 알파벳을 써 보세요. 🔊 24-2

q

t

r

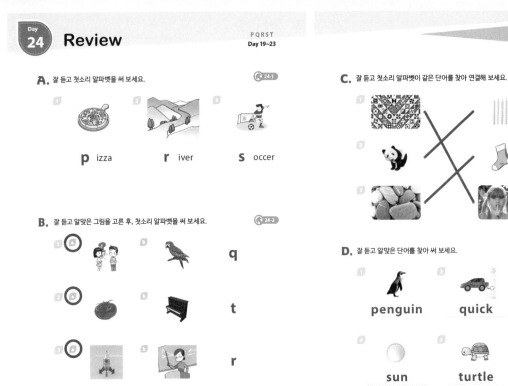

C. 잘 듣고 첫소리 알파벳이 같은 단어를 찾아 연결해 보세요. 🔊 24-3

D. 잘 듣고 알맞은 단어를 찾아 써 보세요. 🔊 24-4

penguin　　**quick**　　**rabbit**

sun　　**turtle**

sun
turtle
quick
rabbit
penguin

Day 31 Review
UVWXYZ
Day 25~30

A. 잘 듣고 첫소리 알파벳을 써 보세요. 🔊 31-1

u mbrella　　**w** indow　　**y** acht

B. 잘 듣고 알맞은 그림을 고른 후, 첫소리 알파벳을 써 보세요. 🔊 31-2

w

y

z

C. 잘 듣고 첫소리 알파벳이 같은 단어를 찾아 연결해 보세요. 🔊 31-3

D. 잘 듣고 알맞은 단어를 찾아 써 보세요. 🔊 31-4

vegetable　　**water**　　**fox**

yard　　**zebra**

fox
yard
zebra
water
vegetable

Day 37 Review
Day 32~36

A. 잘 듣고 알맞은 끝소리를 고르세요. (37-1)

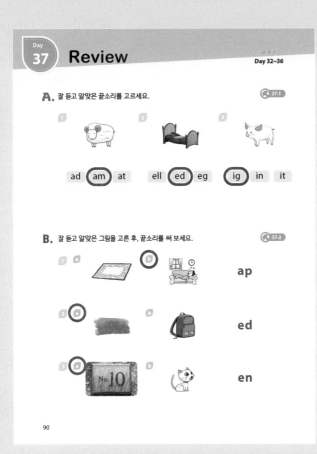

ad (am) at   ell (ed) eg   (ig) in it

B. 잘 듣고 알맞은 그림을 고른 후, 끝소리를 써 보세요. (37-2)

ap

ed

en

90

C. 잘 듣고 끝소리가 같은 단어를 찾아 연결해 보세요. (37-3)

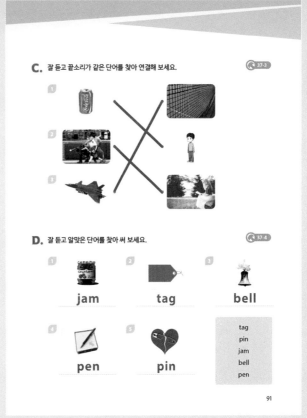

D. 잘 듣고 알맞은 단어를 찾아 써 보세요. (37-4)

jam   tag   bell

pen   pin

tag
pin
jam
bell
pen

91

Day 43 Review
Day 38~42

A. 잘 듣고 알맞은 끝소리를 고르세요. (43-1)

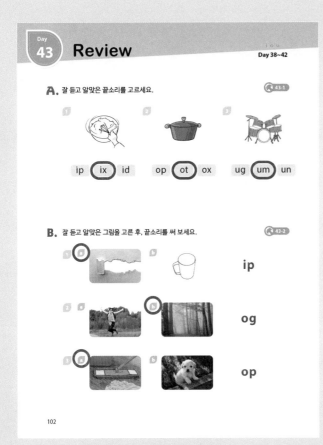

ip (ix) id   op (ot) ox   ug (um) un

B. 잘 듣고 알맞은 그림을 고른 후, 끝소리를 써 보세요. (43-2)

ip

og

op

102

C. 잘 듣고 끝소리가 같은 단어를 찾아 연결해 보세요. (43-3)

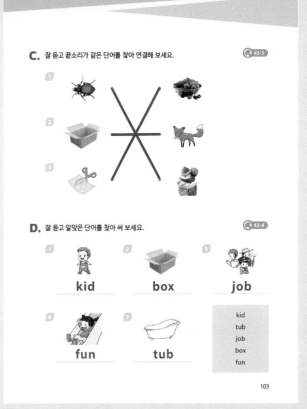

D. 잘 듣고 알맞은 단어를 찾아 써 보세요. (43-4)

kid   box   job

fun   tub

kid
tub
job
box
fun

103

Day 49 Review

a e i
Day 44~48

A. 잘 듣고 알맞은 끝소리를 고르세요. 🔊 49-1

(ake) ape ave   e (ese)   ike ime (ive)

B. 잘 듣고 알맞은 그림을 고른 후, 끝소리를 써 보세요. 🔊 49-2

ape

ase

ine

C. 잘 듣고 끝소리가 같은 단어를 찾아 연결해 보세요. 🔊 49-3

D. 잘 듣고 알맞은 단어를 찾아 써 보세요. 🔊 49-4

cake   case   these

lime   wipe

case
cake
lime
wipe
these

116

117

Day 54 Review

i o u
Day 50~53

A. 잘 듣고 알맞은 끝소리를 고르세요. 🔊 54-1

(ose) one ole   (ome) ope ote   (ule) une

B. 잘 듣고 알맞은 그림을 고른 후, 끝소리를 써 보세요. 🔊 54-2

one

ope

ute

C. 잘 듣고 끝소리가 같은 단어를 찾아 연결해 보세요. 🔊 54-3

D. 잘 듣고 알맞은 단어를 찾아 써 보세요. 🔊 54-4

cone   hope

cute   rule

rule
cute
cone
hope

126

127

Day 60 Review

Day 55~59

A. 잘 듣고 알맞은 이중자음을 고르세요. 🔊 60-1

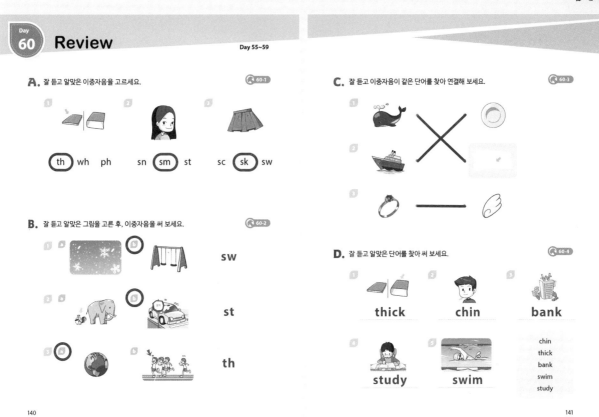

B. 잘 듣고 알맞은 그림을 고른 후, 이중자음을 써 보세요. 🔊 60-2

sw

st

th

C. 잘 듣고 이중자음이 같은 단어를 찾아 연결해 보세요. 🔊 60-3

D. 잘 듣고 알맞은 단어를 찾아 써 보세요. 🔊 60-4

thick   chin   bank

study   swim

chin
thick
bank
swim
study

Day 65 Review

Day 61~64

A. 잘 듣고 알맞은 이중자음을 고르세요. 🔊 65-1

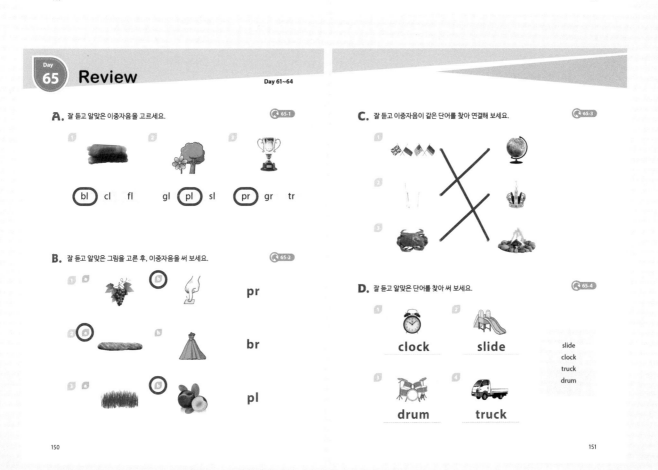

B. 잘 듣고 알맞은 그림을 고른 후, 이중자음을 써 보세요. 🔊 65-2

pr

br

pl

C. 잘 듣고 이중자음이 같은 단어를 찾아 연결해 보세요. 🔊 65-3

D. 잘 듣고 알맞은 단어를 찾아 써 보세요. 🔊 65-4

clock   slide

drum   truck

slide
clock
truck
drum

140

141

150

151

Day 71 Review

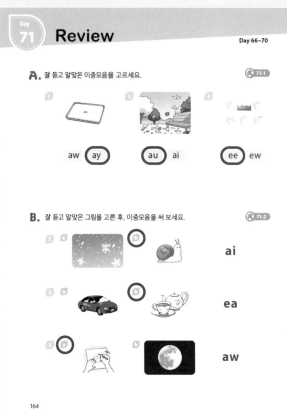

A. 잘 듣고 알맞은 이중모음을 고르세요. 71-1

1. aw (ay)
2. (au) ai
3. (ee) ew

B. 잘 듣고 알맞은 그림을 고른 후, 이중모음을 써 보세요. 71-2

1. ai
2. ea
3. aw

164

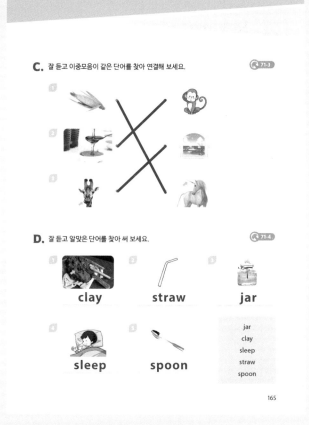

C. 잘 듣고 이중모음이 같은 단어를 찾아 연결해 보세요. 71-3

D. 잘 듣고 알맞은 단어를 찾아 써 보세요. 71-4

1. clay
2. straw
3. jar
4. sleep
5. spoon

jar
clay
sleep
straw
spoon

165

Day 77 Review

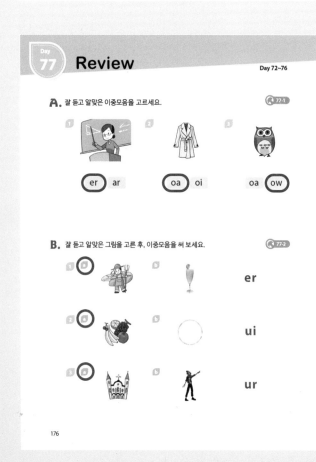

A. 잘 듣고 알맞은 이중모음을 고르세요. 77-1

1. (er) ar
2. (oa) oi
3. oa (ow)

B. 잘 듣고 알맞은 그림을 고른 후, 이중모음을 써 보세요. 77-2

1. er
2. ui
3. ur

176

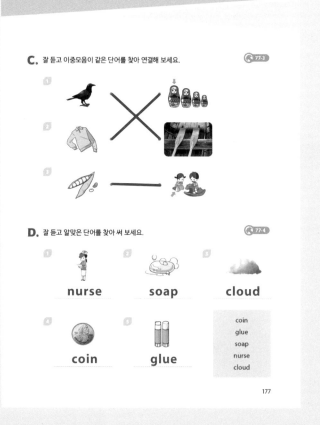

C. 잘 듣고 이중모음이 같은 단어를 찾아 연결해 보세요. 77-3

D. 잘 듣고 알맞은 단어를 찾아 써 보세요. 77-4

1. nurse
2. soap
3. cloud
4. coin
5. glue

coin
glue
soap
nurse
cloud

177